ジェンダーの視点でよむ都市空間

吉田容子
影山穂波 編著

古今書院

Understanding Gender and Urban Space from the Geographical Perspective

Edited and written by Yoko Yoshida, Honami Kageyama

ISBN978-4-7722-4237-0

Copyright © 2024   Yoko Yoshida, Honami Kageyama

Kokon Shoin Publishers Ltd., Tokyo

Printed in Japan.

まえがき

　本書の執筆者たちの専門は地理学です。地理学というと，中学校や高等学校で学んだ「地理」の内容を思い浮かべる人が多いことでしょう。「地理は暗記することが多く，歴史のようにストーリー性が感じられないから面白くなかった。」「理系志望だったから，大学入学共通テストの受験科目として選択するとよいと指導された。」というように，「地理」を学ぶことに対してあまり積極的ではなかった人もいると思います。これはとても残念なことです。私たち執筆者は，本書を通じて，みなさんの興味・関心が地理や地理学に，さらには隣接領域へとひろがるきっかけを提示したいと思っています。

　中学校や高等学校の「地理」では，私たちの身近な地域をはじめ国内外の地理的様相を学ぶことに中心がおかれていました。大学では，学問としての「地理学」を学ぶことになります。地理学とは，地表上で生じている諸現象を対象として研究する学問です。しかし，それでは扱う範囲があまりにも広いため，研究対象に応じて分野をいくつかに区分し，特定の視点から空間や場所を捉えます。人間の諸活動にともなう環境や地域との関係を考察するのが人文地理学ですが，ここでも研究対象の細分化が進んでおり，都市地理学，社会地理学，文化地理学，経済地理学，政治地理学，観光地理学，歴史地理学など多数の専門分野があります。本書の執筆者たちは，上記のような人文地理学の各専門分野で研究を進めてきました。

　さて，みなさんの中には，地理学と本書のタイトルにある「ジェンダー」とがどのようにつながるのか，合点がいかない人もいるでしょう。ジェンダーに関する研究が社会学，心理学，哲学，教育学，経済学，政治学，文学，歴史学などで取り組まれていることは知っていても，地理学でジェンダーを扱ってどのようなことを研究しているのか，知っている人は少ないと思います。ジェンダーを，単なる性別の違いとしての男性・女性という意味で理解するだけでは不十分です。ジェンダーとは，社会的文化的につくられた性差であって，だからこそ，男女の権力関係が組み込まれたきわめて政治的な概念として捉えるこ

とができるのです。こうした権力関係としてのジェンダーは，地理学が扱う空間や場所に表れることがあります。そうした場合，地理学ではよく地図化を試みます。しかしジェンダーにまつわる権力関係が空間や場所に潜んでいて，可視化できないことも多くあります。いずれにせよ本書の執筆者たちは，ジェンダーという切り口，つまり視点を用いて，空間や場所に刻み込まれた権力関係を明らかにしていくことを研究の目的としています。ジェンダーにまつわる権力関係を暴き出すという点で，本書は，地理学を専攻していなくとも，ジェンダーに関心のあるみなさんの知的好奇心を満たす内容になっていると思います。

　本書は，11章＋補章から構成されています。1章から読み始め，順番に章を読み進めていってもよいですし，関心のある章を選んで読んでいってもかまいません。1章は地理学にジェンダーの視点が必要であることを，海外の先行研究を整理しながら述べた理論的な部分です。2章から11章は，各執筆者が，空間や場所をジェンダーの視点から捉えた事例研究です。各章の末尾には［文献案内］と［学習課題］を付けていますので，さらに深く学びたい人は積極的に活用してください。そして最後の補章は，地理学研究の際に実施するフィールドワークの中でも，とくにインタビューや参与観察を中心とする質的調査においてハラスメントが発生する可能性について述べています。読者のみなさんに注意喚起するとともに，なぜハラスメントが生じるのかを権力関係に着眼して考えてもらいたいと思います。この問題に関する「コラム」の内容にもぜひ目を通し，みなさんの中で議論してみてください。

　最後に，本書中には，今日の社会通念や人権意識の観点からすると不適切な表現や差別的と思われる表現が見られる部分があることをお断りしておきます。当時の社会的・政治的背景を把握する目的で研究上必要であると判断し，それらの表現を用いています。このことをどうぞご理解ください。

編著者　吉田容子・影山穂波

目 次

第1章　なぜ地理学にジェンダーの視点が必要なのか

　地理学の歴史は古代ギリシャ時代にまで遡ることができる。英語の geography の語源はギリシャ語の geographia に由来しており，土地を記述するという意味をもつ。地理学は地表面に関する記述を中心とする学問であり，そのための現地観察が重視されてきた。こうした背景をもつ地理学は，広い意味で，自然と人間生活の関係全般を扱う学問として発展してきた。地理学のこのような生い立ちを知っている人は，なぜ地理学にジェンダーという視点を持ち込む必要があるのか疑問に思うことだろう。本章は「地理学とジェンダーって，いったいどんな関係があるの？」と思ったみなさんに，ぜひ読んでいただきたい。ジェンダー概念の導入が従来の地理学にどのような可能性を拓くのか，一緒に考えてみよう。

1．性別と空間

　男性・女性という性別と空間とは，どのような関係があるだろうか。たとえば，相撲の土俵や醸造蔵，信仰により女人禁制とされてきた霊山など，制度や慣習により性別で立ち入りが制限される場所などがある。女性を不浄な存在として位置づけ，女性を排除することで存在してきた空間は決して少なくない。

　男性／女性に明確に二分化されてきた空間もある。トイレや更衣室，公衆浴場などがそれにあたる。生物学的性差に基づき分化されてきたといえるが，これらはあらためて問題視されている。たとえばトイレに関しては，障がい者用が設置され，男／女という二項対立的なカテゴリーでとらえることが適さなくなった。近年では「ユニバーサルトイレ（誰でもトイレ）」として，障がい者向けという名目ではなく LGBTQ の人たちも視野に入れた，誰もが使いやすい空間が作られるようになった。こうした動向は，性を男女に二分化する従来の考え方への異議申し立てにもつながっている。

2

　また性別による役割を当然視する考え方，すなわち性別役割分業を前提とした既存の社会構造が，当たり前のように埋め込まれて成立している空間も多い。看護師や保育士など現在では男性の就業もみられるが，依然として女性が中心となっている職場や，非正規雇用労働者の女性比率が高く，管理職の少なさが際立つ職場などがあげられる。また家庭では，現在もなお，家事や育児などの労働は女性が中心となっていることが多い。性が商品として売買される風俗街もその例である。

　このように，さまざまな形で性は空間に投影されている。しかし長い間，性差は当然のものとみなされ，地理学においても性をめぐる視点を用いた研究は進められてこなかった。男性と女性は異なる存在であり，差異が生じるのは当然であると考えられてきたためである。ところがジェンダーという概念が登場すると，社会をみる見方が変わり，多様な角度から問題を分析するようになった。ジェンダーという概念は研究を進める重要なツールとなっていった。

2．ジェンダー概念の登場

　まず，ジェンダーという概念について考えてみよう。ジェンダー概念が登場したのは1970年代のことである。この背景には，1960年代のウーマンリブ運動に端緒を持つ第二波フェミニズムの展開がある。19世紀に遡る第一波フェミニズムにおいて，まず政治への参加を果たすための参政権運動，そして労働への参加を果たすための労働運動が進められた。それでも女性の地位が向上しなかったため，家庭内での女性の地位の向上，女性が自己決定権を持つ存在であることの主張，性と生殖にかかわる権利の主張など，私的な立場での女性の役割に焦点が当てられ，「個人的なことは政治的である」をスローガンにした第二波フェミニズムの展開の中でジェンダー概念が登場した。

　ジェンダー概念の登場まで，男性と女性とは生物学的に異なっており性差は絶対的なものだから，男女の役割は決められているのだという考えが当然視されてきた。そこで優先すべき女性の役割は，子どもを産み育てることであった。しかし生物学的・身体的に異なることと，性によって役割が異なることは同じではない。この説明ができる概念として登場したのがジェンダーである。

これまで性差を決定づけていた生物学的性差をセックスとあらためてとらえな
おし，それに対して社会的文化的性差をジェンダーと定義づけた。この概念の
登場により，性にまつわるさまざまな問題が議論・分析できるようになった。
たとえば，男性と女性という対置された存在が他の二分的な説明と関連付けら
れたうえで序列化されたことについても，ジェンダー概念を用いて暴いていっ
た。すなわち近代以降，男／女，生産／再生産，公的／私的，文化／自然，客
観的／主観的，労働／家庭，都市／郊外といった二項対立的な区分がなされ，
前者に位置づけられるものが後者よりも優位に置かれ，それぞれの項目が関連
付けられながら，男女間の序列がつけられていたのである。さらに男性が中心
になって公的かつ生産的な立場で社会が構成され，女性が再生産役割を担い，
私的な立場で支えるという構造が当然視されてきた。それに対して，男性と女
性がそれぞれに置かれてきた立場や役割は，生物学的性差に基づいた決定的な
構造ではないと提示することが可能となった。ジェンダーという概念を持ち込
むことで，男／女という二項対立的な概念を批判したのであった。

　舘（1998）は，ジェンダー概念の展開について大きく3段階として示した。
第1に「性別は社会構築されたもの」とする視点として用いる，第2に「社会
構築された性別の権力関係」の様態を明らかにし，問題化するために用いる，
第3に「社会構築された性別認識／意識」を自覚化して，自らの意識の解放と
認識変革を志向する文脈で用いる，という複数の立場があると説明している。

　第1段階として，生物学的性差では説明できない差別や区別が，社会的文化
的に作られてきたものであること，つまり性差が社会的文化的に構築されてい
ることを明らかにすることから研究が始まった。これまで可視化されてこなか
った女性という存在に注目し，女性の果たしてきた役割と地位に関する説明を
重ねていったのである。

　女性たちを可視化する試みを進めるうちに，女性が男性よりも劣位に置かれ
ることが当然だと考えられているその構造が，権力関係により生じたものだと
いう立場でジェンダーが説明されるようになっていった。第2段階への発展で
ある。単に女性に焦点を当てて差があることを示したり，劣位に置かれている
ことを示したりするのではなく，その背景にある歴史的な構造が力関係の中で
生み出されていることを研究を通して訴えていった。権力関係としてのジェン

4

ダーの概念化を進め，これまで弱者に置かれてきた様々な立場，すなわち階級や人種・民族などとの関係性も検討されていくようになった。そのうえで，現状を変革する運動も展開されている。

第3段階にはいると，不平等な構造を変えていこうという動きが展開されるようになっていった。ただし社会的文化的に作られたジェンダー概念も，LGBTQ すなわち性的指向や性自認の説明をするには十分ではなかった。セクシュアルマイノリティ（性的マイノリティ）がおかれた状況に関する研究も今後さらに重要になるだろう。多様な立場からジェンダー概念が検討される中で，非対称な権力関係を解きほぐし矛盾を指摘し，これまで当然とされてきた構造に対して異なる可能性を提示していくこと，すなわち脱構築していくことが求められてきたのである。これは，ジェンダー問題だけではなく，社会的に弱い立場に置かれた人々が被ってきた不平等の改善をめざす動きへとつながっていく視点である。そしてすべての領域にジェンダーの視点を取り込むことの重要性を主張しているのである。フェミニスト地理学は「終わることのない問いの生成に他ならないことを示唆」（石塚 2010：21）するものであり，その意義は，権威性や優位性の問い直しの作業を絶えず続けていくことなのである。次の節ではフェミニスト地理学の展開についてみていこう。

3．フェミニスト地理学の誕生から展開へ

3-1．地理学に内在する男性中心主義への批判

学問としての成立起源を古代ギリシャ・ローマ時代にまで遡ることができる地理学は，未知なる世界や自然を発見し，それを「客観的」に把握してきた。つまり，地理学の長い歴史の中で，地理学者は野外でのフィールドワークで対象を観察・測定し，記述することに専念してきたのである。こうした地理学的知の探究は，おもに男性によって行われてきた。なぜなら，男女の生物学的差異や家父長制[1]の存在によって，学問をするのは男性であり，他方，女性には子どもを産み育てる役割が自明的に与えられてきたからである。

「母なる大地」という表現があるように，自然はしばしば女性に喩えられてきた。英国のフェミニスト地理学者ジリアン・ローズは，フィールドワークを

表 1　フェミニスト地理学の誕生から展開へ

	時事的関心	理論的影響	地理学的関心
女性の地理学	ジェンダーによる不平等の様相の記述	福祉の地理学；自由主義フェミニズム	距離や空間的分離による制約
社会主義フェミニスト地理学	不平等の説明；資本制と家父長制の関係	マルクス主義；社会主義フェミニズム	空間的分離；場所に蓄積したジェンダー関係
差異に注目するフェミニスト地理学	ジェンダー化され異性愛化されたアイデンティティの構築；女性間の差異；ジェンダーと自然の構築；異性愛的家父長制と地政学	文化的，脱構造主義的，脱植民地主義的，心理分析的，同性愛の，批判的な人種理論	身体に関するミクロ地理学；変わりやすいアイデンティティ；距離，分離，場所；心象地理；植民地主義と脱植民地主義；環境／自然
フェミニストによる領域横断的な地理学	シチズンシップ；人口移動；ナショナリズム；トランスナショナリズム；国家なるものの民族誌；発展；ポリティカル・エコロジー；地政学；国家暴力；「南」「北」関係；物質的対象；地図化やGISの斬新的可能性；情動と感情	トランスナショナリズム理論；グルーバル化と横断的なネットワーク及び回路；非表象理論；ポリティカル・エコロジー；アガンベン；ポリティカル・エコノミー；情動理論	グローバルネットワークと回路；結合・関係・過程への多様な見方からの関心；尺度の構築と崩壊；例外空間；境界とその崩壊；体系化と結合性；剥奪

Pratt（2009）p.248 を参考に作成．吉田・影山（2018）p.565 より引用．

行ってきた男性研究者たちが自然に分け入って観察対象をつぶさに調べ上げ，人間＝男性の手に余る，荒々しく，時に気まぐれな自然を飼い慣らして支配してきたのだと述べている。そしてローズは，自然を支配したいという男性（研究者）の欲求を，家父長制のもとで女性を支配し従属させるという権力関係の構図に結びつけて議論する（吉田ほか2001）。

　地理学というディシプリンにおいて研究の主体はあくまで男性であり，彼らによって生産されてきた地理学的知は，男性主体のまなざしの産物であると言わざるをえない。長い間地理学に内在してきたこのような男性中心主義は，1970 年代になってようやく英語圏の女性研究者たちから指摘されるようになり，それ以降も批判や議論の対象となってきた。そこで本節では，表 1 を参照しながら，男性中心主義への批判と抵抗の「武器」となったジェンダー概念に依拠するフェミニスト地理学について，その展開過程をみていく。

3-2. 地理学へのジェンダー概念の導入とフェミニスト地理学の展開過程

　17世紀後半から18世紀のヨーロッパに広まった啓蒙思想は，「理性」によって中世キリスト教の伝統的権威や非合理的世界から人間を解放することをめざしたが，そこでは多くの事柄が二項対立的に把握された。男女も例外ではなく，男性・理性・公的生活／女性・感情・私的生活という対比で男性優位の序列化がなされた。さらに，イギリスに始まる産業革命以降，男女の違いを生物学的本質として捉え「男は仕事・女は家庭」とする性別役割分業の考えが，近代資本制確立による工業化の進展とともに社会に浸透した。この考えもまた，男性・職場・生産／女性・家庭・再生産というように男女やそれらの活動領域を非対称な二項とし，男性優位の序列化を自明のものとしてきた。

　ところが，1960年代，権威主義や男性中心主義を前提とした社会体制を批判する気運が欧米の女性たちを中心に高まり，性別役割分業の廃絶や生殖に関わる女性の自己決定権などを主張する第二波フェミニズムが生じた。そして，アカデミア（研究領域）に身を置く第二波フェミニズムの担い手たちは，社会的文化的性差としてジェンダーを概念化し，既存の学問に潜む男性主体のまなざしを批判するとともに，自明視されてきた分析視点の枠組を組み替えることをめざした。

　第二波フェミニズムの大きな産物であるジェンダー概念は地理学にも影響を及ぼし，1970年代になると，英語圏の女性地理学者を中心にフェミニスト地理学が誕生する。それ以前は，女性が主体となって研究に関わることも，また研究対象として扱われることもなく，地理学のディシプリンの蚊帳の外に置かれてきたことから，女性研究者が着手したのは女性に焦点を当てて議論の俎（そ）上に載せることだった。前述の性別役割分業の考え方は，都市空間の形成の前提となってきた。都市の建造環境がつくられる過程で，都市空間は生産労働を行う都市中心部と再生産労働を行う郊外とに分離され，女性の生活空間は郊外に制約されるようになった。とりわけ第二次世界大戦後，欧米を中心に女性の就業率が上昇するにつれ，男性・職場・生産労働・都市・公的領域／女性・家庭・再生産労働・郊外・私的領域というような二項対立構造に依拠する都市空間の分離がいかに既婚で働く女性の日常生活を制約しているか，という点に関心が集まるようになった。1970年代におけるフェミニスト地理学者は，都

市空間において女性が被っている制約やそこから生じる不平等の状態を記述・地図化して明らかにすること，つまり，研究対象として女性に焦点を当てて可視化することに大いに貢献したのである（表 1 の「女性の地理学」を参照）。

　1970 年代に入ると，欧米のフェミニストたちは，資本家による労働者搾取の問題にしか関心を払わないマルクス主義に内在する男性中心主義を批判し，新たにマルクス主義フェミニズムの概念を確立させた。この新しい概念は，家父長制の中に市場での男性の生産労働を支える女性の無償の再生産労働（家事・出産・育児・介護等）を「発見」し，女性が資本制と家父長制の両者から二重に搾取されていることを指摘した点に大きな意義がある。1980 年代に入ると，欧米を中心に，マルクス主義フェミニズム（広義には，社会主義フェミニズムと同義で用いられる）の影響を受けたフェミニスト地理学者による研究が進展する。それらの試みは，生産労働が行われる公的空間と再生産労働が行われる私的空間の 2 つの範疇を見出し，日常的に両空間を行き来（空間移動）して仕事と家事・育児等を行う既婚の就業女性が，資本制と家父長制の両者に絡めとられる中でどのような制約に直面しているかを，理論的に説明しようとしたものである（表 1 の「社会主義フェミニスト地理学」を参照）。

　1980 年代に入って，近代啓蒙思想がはらむ二項対立構造を前提とした西洋中心主義を批判するポストモダン思想，ブラック・フェミニズム，ポストコロニアル・フェミニズムなど [2] が登場すると，第二波フェミニズムのうねりをつくったそれまでのフェミニズム論は「白人・中産階級・異性愛」女性たちの価値観の反映にすぎないのだと指摘された。女性の間にみられる人種・民族・階層・階級・年齢・障がいの有無など，さまざまな差異の存在を認識して尊重し，一枚岩ではない多様な立場や状況にある「女性の経験」をフェミニズムの中に反映させる動きが生じてきたのである。また，異性愛を「正常」な性規範とみなすことへの批判も示されるようになった。同性愛を，単に個人の性的指向の問題としてでなく，異性愛主義社会における支配と抑圧にかかわる政治的な問題として捉えることの重要性が指摘されたのである。多様なセクシュアリティの存在が見過ごされてきたが，人間の空間行動や空間認知には決定要因としてセクシュアリティが関係しており，空間や場所における人間の主体性をより的確に認識しうる可能性をもっている。女性の間に存在する多様な差異の存

在に気づくことがいかに重要であるかがフェミニスト地理学者の間で認識されるとともに，個々の学際領域を超えて共有された理論的枠組みを用いて，白人・中産階級・異性愛主義を中心に構築されてきた既存の社会から周辺化されてきた人々の多様な「声」を汲み取ることに主眼がおかれるようになった（表1の「差異に注目するフェミニスト地理学」を参照）。

さらに近年では，空間をめぐる社会的諸関係への着目がより重要性を増すとともに，領域横断的な研究が進展している。たとえば，経済のグローバル化のもとで世界の産業構造が再編される中，新興国から先進国に国境を越えて移動する家事・育児・介護労働女性たちが経験する社会的・経済的抑圧のシステムを解明することや，彼女たちがいかにして国境を越えたトランスナショナルな社会空間を形成していくのかということに，関心が集まっている。また，人間のさまざまな感情と空間や場所との関係性を探究する「感情の地理学」や，非表象理論 representation theory[3] を用いて物質にまつわる人間の行為が空間や場所に及ぼす影響を探究する「物質の地理学」など，まったく新しい問題関心や研究の視点が芽生えてきており，フェミニスト地理学研究にさらなる展開の可能性を示唆している（表1の「フェミニストによる領域横断的な地理学」を参照）。

4．可視化されにくいジェンダーやセクシュアリティを地理学で扱う意義

地理学では，人種・民族・階層・階級・言語・宗教などの違いから生じる集住という現象について把握してきた。たとえば，チャイナタウンやコリアンタウンのような，ホスト社会における移民マイノリティ集団の地縁・血縁コミュニティを核とした集住地域の形成に関して多くの研究がある。加えて，都市空間内部に2つ以上の異なるマイノリティ集団の集住地域が存在する現象（居住地域分化）についても詳細な観察を行い，ホスト社会で差異化され差別化されたマイノリティ集団の集住地域が一定の空間的拡がりを保ってきたわけではなく，むしろ空間的に拡大や縮小を繰り返してきたことを明らかにした。これは勢力をもつ側とそれに抑圧される側との間のせめぎ合いの結果として生じるのであり，人々の社会的行為や社会的諸関係を含んだ空間が決して静的で安定し

たものではないことを示している。移民マイノリティの集住地域では，人種・民族・階層・階級・言語・宗教などの違いが文化的特性として景観に現れやすいことから，地理学の研究対象となってきた。

　では，ジェンダーについてはどうだろう。本章の 1 でいくつか例示したように，非対称な二項の構造として把握されるジェンダー関係の中には空間に現れるものがある。しかしながら，ジェンダー関係が空間に刻まれていく過程，すなわち「空間のジェンダー化」は，常に可視的なものとは限らない。既存の地理学は可視化や地図化できる現象をおもに扱ってきたが，その一方で，地理学の研究対象からこぼれ落ちてしまったものもある。だからこそ，空間に隠れたままになっているジェンダー関係をあぶり出すことは大きな意義がある。

　また近年では，ジェンダーと同様，「セックス」についても社会的文化的に構築されたものであるとする考え方が生じてきた。セックス（生物学的性差）／ジェンダー（社会的文化的性差）と定義してきた従来の性の二元論を問い直し，性のあり方全般を指す「セクシュアリティ」の概念を整理することに，フェミニスト研究者の関心が向けられている。

　セクシュアリティと空間に関する初期研究者の一人として，マニュエル・カステルがあげられる（カステル 1997）。彼はサンフランシスコを事例に，セクシュアルマイノリティの中でも，とりわけゲイの男性たちのコミュニティが空間的に境界をもって領域化していること，すなわち「ゲイの空間」を形成していることを検証した。ゲイの男性は 1940 年代にはサンフランシスコの都市空間の中で身を隠していなければならなかったが，カステルの調査によれば，1980 年の時点でゲイの男性たちは自身の居住地区やゲイ専用の商業施設をつくりだして彼らの存在を都市空間に示している。これは，異性愛社会を支配するマジョリティ集団の権力や差別に抗おうとする彼らの戦略的な空間利用の仕方である。他方，カステルによれば，概してレズビアンの女性はゲイの男性より経済的に苦しく，インフォーマルに形成されたネットワークを介して互いに扶助し合っていることや，彼女たちのコミュニティが空間に現われる可能性は少ないとことを言及している。

　サンフランシスコの都市空間において，上記のように，ゲイの男性とレズビアンの女性がそれぞれ異なる生活基盤を有していることをカステルが示唆した

のに対し，ビニーとバレンタイン（2000）は，ゲイの男性の空間をレズビアン
の女性との違いから地図化した短絡的な捉え方だと指摘し，セクシュアリティ
を異にする人々の間の差異に目を向けることを主張した。可視化や地図化する
ことによって，男女の違いを生物学的本質と捉えるセックスの本来的見方が温
存されることを問題視したのである。地理学にセクシュアリティの視点を採用
することは，従来自明視されてきたセックスのもつ多様性に目を向け，空間へ
の人間の主体的な関わりを明らかにする可能性をもたらす。そして，男性中心
社会の中で構築された同性愛差別（ヘテロセクシズム heterosexism）を前提と
する空間が内包する諸権力の構造を明らかにすることができるのである。

＊本稿は，吉田・影山 2018. を再構成し，大幅に加筆したものである.

（吉田容子・影山穂波）

［注］
1) 一般に，家長が家族を支配・統率する家族形態のこと．研究者によってさまざまな
   定義が存在するが，最も広義の意味として，男性の女性に対する支配を可能にする権
   力関係の総体を指し，フェミニズムが既存の社会構造を非難する鍵となる概念であ
   る.
2) ポストモダン思想，ブラック・フェミニズム，ポストコロニアル・フェミニズムな
   どは，ジェンダーの二元論を再考し，セクシュアリティも含めた権力関係の視座を重
   視するポスト構造主義フェミニズムにつながって，フェミニズムの第三波と捉えるこ
   とができる（天童 2015）.
3) 言語や図像といった表象を超えて，情動や身体的実践から人間の社会的行為の分析
   を通じて空間を把握しようとする試み.

［引用文献］
石塚道子 2010. 終わらない「問い」－「空間・場所・ジェンダー関係」再考. お茶の水
   地理 50：2-26.
カステル, M. 著, 石川淳志監訳 1997.『都市とグラスルーツ－都市社会運動の比較文化
   論』法政大学出版局. Castells, M. 1983. *The city and the grassroots: A cross-cultural theory
   of urban social movements.* London: Edward Arnold.
舘 かおる 1998. ジェンダー概念の検討. ジェンダー研究 1：81-95.
天童睦子 2015. 知識伝達とジェンダー研究の現代的課題－フェミニズム知識理論の展開
   をふまえて. 宮城學院女子大學研究論文集 121：1-15.
ビニー, J.・バレンタイン, G. 著, 杉山和明訳 2000. セクシュアリティの地理－進展のレ

ビュー. 空間・社会・地理思想 5：105-117. Binnie, J. and Valentine, G. 1999. Geographies of sexuality: A review of progress. *Progress in Human Geography*. 23: 175-187.

吉田容子・影山穂波 2018. ジェンダー. 経済地理学会編『キーワードで読む経済地理学』563-574. 原書房.

ローズ, G. 著, 吉田容子ほか訳 2001.『フェミニズムと地理学－地理学的知の限界』地人書房. Rose.G. 1993. *Feminism and geography: The limits of geographical knowledge*. Cambridge: Polity Press.

Pratt, G.　2009, Feminist Geographies. In *The dictionary of human geography,* 5th ed. D. Gregory, R. Johnston and G. Pratt, et al. eds., 244-249. Chichester: Wiley-Blackwell.

［文献案内］

■木村涼子・伊田久美子・熊安貴美江編著 2013.　『よくわかる　ジェンダー・スタディーズ－人文社会科学から自然科学まで』ミネルヴァ書房.
本書のサブタイトルにあるよう，人文社会科学から自然科学まで，既存の学問分類の枠に収まりきらないジェンダーに関する研究課題が取り上げられている.「Ⅰ ジェンダー・スタディーズの理論」「Ⅱ ジェンダー・スタディーズの諸相」「Ⅲ ジェンダー・スタディーズの最前線：領域横断的なトピック」の三部構成になっており，冒頭から順番に読んでも，あるいは関心のあるテーマの箇所を拾い読みしてもよいよう，上手く構成されている.

■ローズ，G. 著，吉田容子ほか訳 2001.『フェミニズムと地理学－地理学的知の限界』地人書房.
読者にとって決してとっつきやすい読み物とは言えないが，地理学という学問分野が長きにわたって男性による地理学的知に支配されてきたことを鋭く指摘し，地理学とジェンダーについて真っ向から問うた，刺激的な一冊である. 興味を持った章から少しずつ読み始めるのがよいだろう.

［学習課題］
「本章を参考に考えてみよう！」
男性／女性という性別と空間とはどのような関係があるだろうか. 本章の冒頭で紹介した事例のほかにも，いくつか身近な例を取り上げて考えてみよう.
「興味を持った人はさらに調べてみよう！」
近年，特に海外におけるフェミニスト地理学研究は多様化している. 海外の学術誌（たとえば，*Gender, Place & Culture: A Journal of Feminist Geography*, Routledge など）を参照し，研究対象，研究の視点・切り口などを中心に整理してみよう.

第2章　労働とジェンダー

　都市空間におけるジェンダーの問題を検討するにあたり，女性の社会参加に関する重要な指標の1つに労働がある。労働は，社会や経済の変遷と密接な関係をもっている。労働は賃金収入をともなう生産的なものとみなされてきたが，その一方で，家庭内での労働は再生産労働として女性の無償労働により担われてきた。本章では，女性の働き方と労働をめぐる動向について考察する。

1. 世界の中での日本の女性労働

　女性たちの労働の状況を知るために有効な指標の1つが，世界の国別の女性の地位を検討するために2006年から毎年発表されている世界経済フォーラム（The World Economic Forum）によるジェンダーギャップ指数である。2006年には調査対象国数が115カ国であったが，2021年には156カ国，2023年は146カ国となっている。各国の男女格差を「経済」「教育」「健康」「政治」の4分野で評価し，国ごとのジェンダー平等の達成度が指数として示される。指数の数値が小さいほどジェンダーギャップが大きい。

　2023年，日本の指数は男性1に対して女性は0.647で，146カ国中125位であった。日本の指数を引き下げているのは政治分野（0.057, 138位）であるが，次いで低いのが経済分野（0.561, 123位）となっている。参加国総数に変化があるものの，日本の順位は過去最低となった。隔年の経済の分野の推移を見ると（図1），2014年までは増加傾向が見られたが，その後減少しており，順位も下がっているのが分かる。労働分野の2023年の指数は，労働参加率が0.759で81位，同一労働での男女賃金格差は0.621で75位，収入の男女格差は0.577で100位，管理職に就いている男女の差は0.148で133位であった。それぞれの指数の中では労働参加率のみ0.75を超えているものの，それでも8割に満たない。賃金格差も依然として大きい。最も深刻なのが女性の管理職割

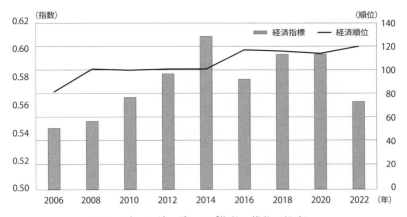

図 1　ジェンダーギャップ指数の推移（経済）
World Economic Forum（2023）より作成

合であろう。女性の昇進が困難であり，管理職等，希望したい仕事に就こうと思っても手が届かない状況は「ガラスの天井」と言われてきたが，この状況が変化していないことを意味している。

　図 2 は G7 各国のジェンダーギャップ指数の隔年の推移を示している。世界の多くの国々でジェンダーギャップ指数に改善がみられる中で，日本の指数は変化していないばかりか減少傾向すら見られる。

　日本においても，女性たちが社会進出するための法的な整備が進められてきた。1979 年に国連総会で採択され 1981 年に発効した「女子に対するあらゆる形態の差別の撤廃に関する条約（女子差別撤廃条約）」を，日本は 1985 年に締結している。この背景には 1975 年に開催された第 1 回世界女性会議で，各国の女性の地位向上のための「世界行動計画」が採択されたことが関係している。1976 年から 1985 年が「国際女性の 10 年」として定められ，この期間に各国が女子差別撤廃条約の批准を目指したのである。条約に規定された，「締結国は，女子に対するあらゆる形態の差別を非難し，女子に対する差別を撤廃する」（第 2 条）ための日本の取り組みの 1 つが「雇用の分野における男女の均等な機会及び待遇の確保等に関する法律（男女雇用機会均等法）」であった。男女雇用機会均等法は「国際女性の 10 年」の最終年に当たる 1985 年に制定され，1986 年に施行された。ある意味，国際的な動向を受けて成立にこぎつけ

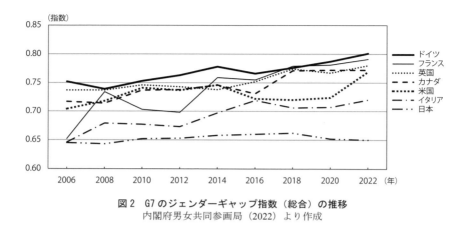

図 2　G7 のジェンダーギャップ指数（総合）の推移
内閣府男女共同参画局（2022）より作成

たこの法律は，それまで当然視されていた結婚による退職や，30 歳代での早期退職制度のような定年や解雇に関する性別による差別を解消することを目的としていた。

　これ以降，従来の補助的役割を担う女性の働き方を一般職と呼び，それとは異なる総合職というカテゴリーが創設され，女性が男性と同様に働き続ける選択肢が登場した。女性の働き方は総合職と一般職とに二分され，総合職に就くと男性と同等の成果が求められた。未婚であれば彼／彼女らの再生産労働は，母親が担うことが多いが，男性の場合，結婚すると妻がその役割を担っている。一方女性の場合，結婚後は就業しながら再生産労働を担うことになる。生産労働と再生産労働の二重の負担の中で男性と同等の成果を求めることは，女性たちの負担を重くすることにもつながっていた。しかも，この法律は募集・採用及び配置・昇進に関して差別を行わないほうがよいという努力義務にとどまるものであった。

　1999 年の改正で採用や昇進などでの女性に対する差別的取り扱いは禁止となり，2007 年には出産・育児による不利益取り扱いが禁止され，男女ともに差別やセクシュアル・ハラスメントは禁止であることが示された。2017 年には妊娠や出産などによる不当な取り扱いが禁止され，性別が不利益になりうる間接差別を禁止した。2020 年にはパワーハラスメントの防止措置が義務付けられハラスメント防止が強化された。このように性による差別の解消に向けた

動きが進んでいる。

　しかし，現在なお就業に関する男女差別がなくなっていないことは，ジェンダーギャップ指数の結果からも明らかである。女性の働き方が家事役割を担う再生産労働と密接にかかわってきていること，また女性の働き方が補助的であることに留意することが必要不可欠なのである。そして，家事・育児等の再生産労働が，無償の労働として生産労働とは異なる価値づけをされていることについて考える必要がある。次に，こうした日本の女性の労働に関する背景について検討してみよう。

2.　戦前の女性労働

　日本において女性たちの賃金労働が注目されるようになったのは，明治時代の繊維産業をはじめとする工場労働者としての役割であった。近代産業の推進のために日本の輸出品目の中核を担う繊維産業の中で，安価で大量に雇用可能な存在として，女性の労働は重要な役割を担った。繊維産業の産地形成は女性たちに就業の場を提供していった。しかし，繊維工場の指導的立場に立つ学歴の高い一部の女性労働者を除き，大半は女工として搾取される対象であった。若年労働力として女工は貧困農村から集められ，12 時間制を原則に，交代で勤務させられ，狭い宿舎で自由の少ない生活を余儀なくされる例も多かった（細井 1980）。一方，当時の女性の専門的な職業として登場したのは教員，看護婦[1]などであるが，就業できるのは一部の高学歴の女性に限定されていた。

　第一次世界大戦以降，都市において事務職，販売職など，月給制で働くサラリーマン層が登場し，新中間層と呼ばれた。この中で，女性に適すると考えられた職業は人々の注目を浴び，職業婦人として憧れのまなざしを受けることになる。職業婦人とされた職種は教員，看護婦，交換手，店員，事務員などであるが，教員を除くと，あくまでも若年女性を対象とした職業であった。高等女学校などを卒業し，就業することのできた女性たちであったが，彼女たちの行動は家父長にあたる存在からの監視下に置かれた。例えば，彼女たちはほとんど自宅から通勤しており，そうでなくても知人の家に住む寄寓が中心であり，

下宿して自分の融通の利く生活をする人は少なかった（影山 2004）。

　女性たちは，生産労働に就いているかどうかにかかわらず，家庭での役割を担っていた。家事・育児という無償労働に女性を従事させることが前提となり，家族や社会が構成されていたのである。法的に家父長制が定められたのが 1898 年の明治民法であった。明治民法には家族が「家」を単位として戸籍を作成し，戸主である家父長が家族に対して権利を持って統率することが記された。労働においても女性たちは戸主としての父の管理下で従事することとなる。

　第二次世界大戦中には，徴兵された男性就業者を補う形で，女性の社会進出が一時的に促進された。基本的に男性たちは経済的政治的な生産労働を担う公的な空間と関連づけられ，女性たちは家事・育児といった再生産労働を担う私的な空間と関連づけられている。しかし戦時期になると，男性たちは戦力として動員され，抜けた穴を埋める役割を女性たちは担うこととなり，一時的に就労が促進される。これは世界的に同様の傾向がみられ，アメリカやイギリスでも，慣習的に女性を雇わないことをよしとしてきた大企業が，一時的であることを強調して女性を雇用していった。この時期に女性たちが生産労働を担う空間を体験する機会が生じたものの，戦争が終わると，女性たちは改めて再生産労働を担う空間を中心に，補助的労働の立場へとおかれていく。

　日本国憲法に基づき 1947 年に民法が改正されると，家・戸主制度は廃止され，家督相続の廃止と均分相続の確立，婚姻・親族・相続などにおける女性の地位向上などが整備された。法的な女性の地位向上は目指されたものの，日本経済の立て直しの中で，男性を中心とした労働体制が再編されていったのである。

3. 戦後の女性労働

3-1. 戦後の女性労働の特徴

　戦後日本の女性労働の特徴として，労働力率が M 字型となる雇用中断パターンをとってきたこと，パートタイマーが女性労働の中心であること，男女の賃金格差が大きいことがあげられる。そこでこれらの点に着目して検討してい

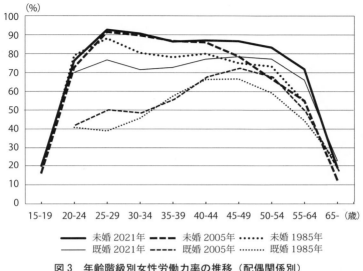

図 3　年齢階級別女性労働力率の推移（配偶関係別）

厚生労働省（2021）より作成

こう。

　日本における 15 歳以上の女性の労働力率は，20 歳代後半から 30 歳代という結婚・出産に当たる時期にいったん仕事をやめ，その後育児が一段落する 30 歳代後半から 40 歳代に再就職をするという M 字型就労の形態をとってきた。しかし日本の女性の労働力率は 10 年前と比較すると M 字の底に当たる 30 〜 34 歳層が上昇し，M 字型から台形型に近づいている。図 3 は年齢階級別女性労働力率の経年変化を配偶関係別にみたものである。どの年代においても未婚者の労働力率は既婚者よりも高い割合にある。20 歳代・30 歳代の既婚者が 2021 年には大幅に上昇し，労働力率 70 ％程度で台形型を形成している。これは M 字型カーブの底を押し上げていることを意味している。未婚者は 20 歳代後半で労働力率が 90 ％程度となるが，その後は M 字型ではなくゆるやかな右肩下がりのカーブを描き，40 歳代後半以降は，明確に労働力率が下がっていく。しかし，2021 年には 40 歳代・50 歳代の就労者が増えており，変化がみられる。女性の就労が継続される傾向にあることは，この図からも明らかであるが，雇用割合が高いのは依然として未婚女性である。既婚者の再就職環境や

管理職割合の低さなど，労働の環境改善という根本的な解決が課題として残されている。

　こうした状況が生まれた背景には，日本的経営の体質がある。1960年代に高度経済成長期を迎えると，日本企業は，定期的に昇給・昇進が望める年功序列，学卒一括雇用システムを取り入れ，長期にわたる安定した雇用維持のための終身雇用という年功的労使関係を築き，基幹労働者を保護してきた。この基幹労働力とは男性を示しており，女性たちには景気調整弁としての役割が担わされてきたのである。「再生産労働」を妻の役割とする性別役割分業を前提に，制度も整備された。すなわち1961年に制定された配偶者控除や1985年の年金制度の改正などである。こうした制度は専業主婦の「妻の座」を優遇する政策であった。働く場合も，妻たちは年収が103万円以下であれば納税者である夫の所得控除が受けられ，年収130万円以下であれば配偶者の健康保険に入ることができた。この制度を利用するために，自身の就業を調整する妻たちは多い。就業におけるステップアップを目指すのではなく，生活費の足しにとパートタイム労働に従事する構造が形成されているのである。このシステムは現在も維持されており，1991年にバブル経済が崩壊し，その後30年にわたって日本的企業体制が崩れてもなお，女性の働き方を抑制し続けているのである。

3-2. 雇用形態の変化

　1990年代以降の雇用形態を見ると，図4にみられるように近年，パートタイム労働者や派遣社員など非正規雇用労働者が労働者全体の40％近くを占めるようになった。正規雇用労働者数に大きな変化は見られないが，2005年以降，非正規雇用労働者数は増加している。

　図5に見られるように，年齢階級別非正規雇用労働者の推移は男女で明確に異なる傾向を示している。また2000年までと2010年以降の推移で変化がみられる。男性に関しては，45〜54歳階級の割合が低いが，2000年と比較して2020年には9.0％と倍以上になっている。2010年と2020年の男性の非正規雇用労働者率は類似した曲線を描いているものの，65歳以上の割合はさらに増加した。女性の場合は，どの年齢階級も非正規雇用労働者の割合が30％以上となっている。15歳から65歳未満にあたる生産年齢においても労働力人口に

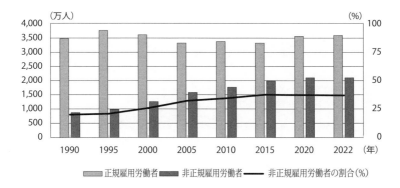

図 4　正規雇用労働者と非正規雇用労働者の推移
内閣府 HP，厚生労働省 HP，総務省『労働力調査』より作成

対する女性の非正規雇用労働者の割合は高い。

　2010 年以降，それまでと異なるのは，年齢階級が上がるにしたがって非正規雇用労働者の割合が伸びていることである（図 5）。2000 年までは出産，育児で仕事を中断する M 字型の傾向が強く，その後再就職するタイミングが 35 〜 44 歳の年齢階級で非正規で就労していたため，年齢階級での変化は大きく見られなかった。とくに 65 歳以上の非正規雇用労働者の割合が高くなっている（図 5）。正規雇用者が非正規になるだけでなく，高齢になっても働きつづけている状況を示している。

　ジェンダーギャップ指数に見られたように，女性の管理職が増加しておらず，非正規雇用労働者が増加していることは，女性の労働に限界があることを示している。2019 年に拡大したコロナ禍は，非正規雇用の女性たちを直撃し，貧困と直結する働き方は注目すべき課題となっている。

　戦後の日本の福祉制度を大沢（1994）は「家族だのみ」「大企業本位」「男性本位」と指摘しているが，これはそのまま女性が労働の市場から都合のいい調整可能な生産労働として確立していく過程を示すことでもあった。世帯単位で家族をとらえてきた（伊田 1998）ことで，年功序列，終身雇用といった体制を支えてきたといえる。また地域の労働市場の構造が女性の役割を周辺化させてもいる（吉田 2007）。女性を雇用の調整弁として，また安価な非正規労働力として位置付けてきた状況は，バブル経済後の長期にわたる不況期におい

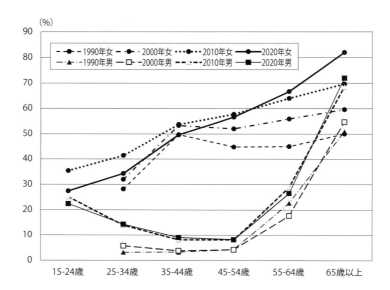

図 5　年齢階級別非正規雇用労働者の割合の推移
『働く女性の実情　令和 3 年度版』より作成

ても大きく変化することはなかった。女性の労働力率の変化は，女性が選択的に就労できるようになったというよりも，むしろ景気の変動の中で世帯収入が減少し，夫婦ともに働く必要性が高まっていることと関連している。

　女性は非正規雇用労働者の割合が高く，男性との賃金格差が大きい。このことは，女性が貧困化していく状況とも関連している。女性の貧困は政策によって作られてきた（樋田 2022）ともいえる。戦後の日本社会では，未婚のうちは親頼み，結婚すれば夫頼み，高齢になれば夫の遺族年金か，子ども頼みというモデルに沿って女性に関連する政策が実行されてきた。シングルマザーや，親が亡くなった未婚女性，死別による単身女性などは対象外だったため，貧困になる確率が高くなる。そして 2020 年にパンデミックを引き起こすことになったコロナは，貧困や精神的な生きづらさを抱える女性たちを直撃した。

4．多様な働き方

4-1．働き方の選択肢

　女性たちの就労形態を考えるにあたり，大きく分けて，①正規雇用の総合職，②正規雇用の一般職，③非正規雇用としての働き方が考えられる。さらに，近年注目されているのが，海外での就労という形態である。自分らしく働きながら生きていくために海外での就職を選択しているのである。現在なお存在している大企業中心，男性中心の経営である日本的雇用形態とは異なる，新たな選択肢となっている。

　国際労働力移動は，概して経済的貧困，政治的不安定，内戦などのプッシュ要因と労働力不足などによるプル要因で説明される。しかし，日本人女性たちの海外への就労の場合，自らの選択によるものが大半を占める。藤田（2008）は，政治的経済的要因によってではなく国際移動している人たちの顕著な事例として日本の若者のことをとりあげ，文化移民と名付けた。神谷・丹羽編（2018）は，グローバル経済の中で若者たちが海外で就労している状況をまとめている。そして海外で就職をする際に日本国内における働き方のジェンダー差と強く連動しており，「女性は海外で就職する場合にも，仕事だけでなく海外生活を経験してみたいという欲求をもっているのに対して男性は日本では経験できないキャリアを積むことを重視している」（神谷・丹羽編 2018:183）と指摘する。また日本から派遣されて海外で働いている駐在員と，現地で日本企業に就職している現地採用者との間には待遇に大きな差がある。両者は異なる就労システムで生活しているのである。

4-2．インド・チェンナイの日本人女性の就労

　日本人女性の海外での労働の事例として，インド南部の中心都市の１つであるチェンナイをとりあげる。チェンナイは自動車製造が盛んで，日産やいすゞ，三菱などの自動車メーカー関連会社をはじめ小松製作所，ヤマハ，コベルコなど 200 以上の日系企業が進出している。2019 年には，全日空により成田から直行便が就航した（コロナの影響で 2023 年現在は運行停止中）。デリ

一，ムンバイ，バンガロールなどのインドの大都市で日本人会が立地している。チェンナイにも日本人会が設立され，交流会やイベント，サークル活動などが行われている。チェンナイでの生活は，駐在員であれば基本的に運転手が付き，ハウスメイドも利用することができる。一方，現地採用者の場合，福利厚生面で大きな違いがあり，居住地域から生活スタイルまで異なっている。

　筆者は2020年2月に，チェンナイで働いている30歳代，40歳代の4人の女性たちにインタビューを実施した（影山2024）。この調査をもとに検討してみよう。4人ともチェンナイに来て1〜4年である。Aさんは30歳代で，大学で貧困や開発について学び，チェンナイに留学した経験がある。卒業後日本にあるインド関連企業で働いたが，2018年，日系企業の現地採用枠でチェンナイに来た。Bさんも30歳代で，2011年にインドに初めて旅行きてからインドの伝統文化に関心を持つようになった。2017年にインドにある日系企業に就職した。Cさんは40歳代で，日本で総合職に就いた後，いったん仕事を辞めて海外で働くことを選んだ。別のインドの都市で現地採用の形態で働いた経験もある。チェンナイの日系企業には2016年から働くようになった。Dさんは，海外子女教育財団の教員試験に合格してチェンナイに来た。基本的に2年の期間雇用である。A，B，Cさんの3人は，現地採用で雇用される前にインドを訪れたことがある。4人とも海外経験があり，インドでの生活は自ら選択していた。以下，現地採用の3人の女性の事例を取り上げる。

　チェンナイに来た理由として「日本で働いて，何か違うなと窮屈に感じ」「自由に引き寄せられ，気が付いたらまた戻ってきた」とAさんは語る。Bさんはインド訪問をきっかけにインドの伝統文化に興味を持つようになり，学びを進めていくうちに「生活の拠点をインドに移して学び続けたいと思うように」なった。Cさんも「インドが好きで」現地採用枠で就職した。日本では総合職として働いていたが，「わくわく感がなくなり」一度仕事を辞め，アメリカやデリー，ムンバイなどで働いた経験もある。日本での働きに対する違和感や，インドに対する興味関心から，インドへの就職を果たした。

　現在の仕事のメリットとして「希望していた仕事の経験や社会人経験が薄くても，インドで働く意欲と向上心を尊重，評価される」（Aさん），「自分が好んで住みたいと思った土地で働けるという満足感を得られる」（Bさん）が

あげられた。C さんは日本では「総合職で必死になって働いてきたが，（イン
ドでは）娯楽を考えることのできる余裕もできた」し，「自分で選んだことだ
から全く後悔はない」と話しており，自分の選択で仕事をしていることが充実
感につながっていた。そして日本では一生懸命働くことを当然だと思っていた
ものの，実際には仕事が忙しく，自分自身の生活にはほとんどゆとりがなかっ
たことをチェンナイに来て改めて感じていた。

　一方，課題としては，「厳密には駐在員ともローカルのインド人社員とも異
なる境遇にいるということを，なかなか理解，評価されないこと」（B さん），
また「駐在員との差がありすぎる。高級なマンションやホテルを用意してもら
える駐在員とは違う」（C さん）のに，「営業だから女だからと飲みに誘われ
るのも迷惑」で，「誘いを断りにくいのが悩み」である（C さん）という声も
聞かれた。C さんが指摘しているように，インドにおいても日系企業の「旧態
依然とした環境も残されている」のである。インドに来たことに後悔はないも
のの，収入は減少して「生活環境はあきらかに低下した」し，不十分なインフ
ラや衛生状態，治安の問題など「インドの環境はいいとは言えない」と C さ
んはまとめた。

　駐在員との関係も，「様々な企業から赴任されているので一概には何とも言
い難い」と前置きがあったうえで，「チェンナイにおられる駐在員の方々はみ
な気さくで優しい方が多いので，概ね良好な関係を築いている」と B さんは
語る。C さんが「女性を誘いたがるのは迷惑」という指摘をしているように，
課題も多い。

　インドでの労働について A さんは，「現地ナイズすると本当にハッピー」
で「働き続けたい」と話した。B さんは，日本では「細かいルールや常に他人
の目が気になる（職場）環境であったとインドに来て思い返し」「厳密なルー
ルや協調性などがあることで仕事や物事が円滑に進むという側面もあるので，
どちらが良い悪いとは言えないが，インドで働いていると（日本とは）真逆の
（職場）環境」と語る。

　現地の人たちとの交流に関しては，好意的にとらえていた。A さんは「オー
プンマインドであたたかい」と魅力を語る。インドは基本的に「貧困だから，
助ける精神をもっている」し「チェンナイに特にその感じ（助け合う精神）」

を抱いている。一方で水道や電気系統のトラブルが多くインフラストラクチャーについては不便が多い。また法令も頻繁に変更され，不安を感じることもある。インドは「大国で州によって様々な文化があり，多くの種類の宗教，（政治的）派閥も入り乱れているので，正直国としては問題点ばかりなような気がしてしまう」けれど，「外国人である我々からすると想像もできないほど多種多様なバックグラウンドを持つ人が集まって」いて，「私にとっては理解が難しい部分でもあるが興味深いところ」でもあると，Bさんはまとめた。彼女たちは，様々な場面で理解できないことや不安なことに直面しているが，現地の人たちと接しながらインドの状況を把握し，快適ではない側面も受け入れながら，インドでの生活を充実させていた（影山 2024）。

　現地採用の女性たちは，運転手の手配や子どもたちの教育資金など手厚い補助のある駐在員とは異なり，賃金は安く福利厚生も十分ではないが，インドに魅力を感じてチェンナイに来て，生き生きと働いている。不満は抱えているものの，女性が自立できる現在の状況に「後悔は全く無い」と語る。立場も考え方も多様な中でそれぞれの生活空間を築いているのである（影山 2024）。

　海外で生活する日本人女性たちの働き方からは，日本における女性の就労の限界を見出すことができる。日本の労働概念からの脱出を目的としている面があるためである。一方で，海外で生活しているものの，本節の事例のように日系企業に現地採用で就業することで，改めて日本的な企業体質の下に置かれ，日本人女性であることを前提とした働き方を求められることも多い。日本語のできる重要な人材であるにもかかわらず，企業側から現地採用者として搾取されている面も否定できない。現地採用であり，女性であるという二重の搾取の構造が垣間見える。それでもなお，日本よりも自由に生きることを獲得している彼女たちの生き方は，固定観念に縛られた日本的労働とは異なる働き方のひとつの選択肢を示すものであろう。

5．おわりに

　本章では，日本における女性たちの働き方を検討してきた。時代による変化は存在しているものの，男性を中心とした構造は今もなお続いている。そして

その男性も家族との時間を過ごすゆとりがなく，企業の求める形態での労働を強いられてきた側面は強い。男性の働き方，女性の働き方は無意識に当然のものと考えられ内面化されてきた。労働力の対価としての賃金をもらう以上に，自由を持てない働き方に対して，問題の所在を改めて考えてみる必要があるのではないだろうか。本章ではインドの事例を見てきたが，海外で働く日本人は，国による背景の差も大きい。また駐在員，現地採用だけではなく，海外資本の現地企業で働く際の状況など，多様な働き方が存在している。自分たちの「当たり前」とは異なる働き方を見たうえで，改めて身近な労働の状況について考えてみよう。

（影山穂波）

［注］
1）保健婦助産婦看護婦法が 2002 年に保健師助産師看護師法と改称され，男女ともに「看護師」に統一されるまでは，女性は「看護婦」，男性は「看護士」という名称を用いてきた.

［引用文献］
伊田広行 1998．『シングル単位の社会論－ジェンダーフリーな社会へ』世界思想社.
大沢真理 1994．日本の社会科学とジェンダー　社会政策論と労働研究の系譜にそくして．原 ひろ子，大沢真理，丸山真人，山本 泰編『ジェンダー』2-25．新世社.
影山穂波 2004．『都市空間とジェンダー』古今書院.
影山穂波 2024．インド・チェンナイにおける海外在留邦人の居住空間．椙山女学園大学研究論集 55：75-87.
神谷浩夫・丹羽孝仁編 2018．『若者たちの海外就職』ナカニシヤ出版.
厚生労働省『「非正規雇用」の現状と課題』https://www.mhlw.go.jp/content/001078285.pdf
厚生労働省 2021．『働く女性の実情　令和 3 年度版』
総務省『労働力調査』1990 年，1995 年，2000 年，2005 年，2010 年，2015 年，2020 年，2022 年.
内閣府『正規雇用・非正規雇用の労働者の推移』https://www5.cao.go.jp/keizai2/keizai-syakai/k-s-kouzou/shiryou/houkoku/sankoushiryo5.pdf
内閣府男女共同参画局 2022．『男女共同参画白書　令和 4 年度版』
樋田敦子 2022．『コロナと女性の貧困　2020-2022　サバイブする彼女たちの声を聞いた』大和書房.
藤田結子 2008．『文化移民』新曜社.
細井和喜蔵 1980．『女工哀史』岩波文庫．初版 1925 年
吉田容子 2007．『地域労働市場と女性就業』古今書院.
World Economic Forum 2023. *Global gender gap report*.

［文献案内］

■吉田容子 1993. 女性就業に関する地理学的研究－英語圏諸国の研究動向とわが国における研究課題. 人文地理. 45：44-67.

女性の労働問題について，地理学で議論されるようになった 1970 年代後半から 90 年代初頭までの英語圏での論文を紹介している．研究の方法論や具体的な調査も丁寧に紹介しており，研究動向を学ぶことができる．

■神谷浩夫・丹羽孝仁編 2018. 『若者たちの海外就職』ナカニシヤ出版.

自らの意志で海外就労し，様々な言語・社会・経済の環境の中で生きている日本人若年層に注目して，国際移動の多様な姿を紹介している．詳細なインタビューからは働き方の具体的な状況もイメージすることができる．

［学習課題］

「本章を参考に考えてみよう！」

女性たちの労働を支援するための制度や，性別役割分業に関する意識の変化などについて調べてみよう．また出産・育児との両立や男性との賃金格差など，課題を抱えている女性たちの労働状況を改善するためにはどのような対策ができるだろうか．

「興味を持った人はさらに調べてみよう！」

あなたが関心のある働き方に対して，職場の立地や労働条件，通勤時間などの特徴を分類してみよう．さらに結婚・出産・転勤などライフステージにも注目して，性別役割分業が関係していると思う内容を，調べてみよう．実際にアルバイト先など身近な職場で働いている人たちにも聞いてみよう．

第3章　地域社会とジェンダー
－都市郊外の形成をめぐる視点から－

　日本の都市空間では，賃金労働など生産活動を展開する都心に対して，家事・育児など再生産活動を展開する郊外が存在し，固定的な性別役割分業によって都市空間の職住分離構造が維持されてきた。この章では，都市郊外の誕生と形成，そこに生じた地域社会の変化に着目して，空間や場所をめぐって当然視され，見過ごされてきたジェンダーの問題を考察することを目的とする。

1. 海外における郊外の誕生とその発展

1-1. イギリスの田園都市

　戦後日本の都市部に建設された郊外住宅団地，および日本のニュータウン計画の参考となったのは，イギリスの田園都市（Garden City）構想であった（図1）。田園都市構想とは，19世紀末に資本主義により成長する社会が，貧困や社会問題を抱えたまま無秩序に膨張することに対して疑問を呈し，これを改善するために考えられた都市構想である。田園都市構想の提唱者であるエベネザー・ハワードによれば，「田園都市とは都市の過密化を防ぎ，健康な生活と産業のために設計された街であり，周囲を村落に囲まれ，社会生活を営むのに十分な規模であり，土地はそのコミュニティに委託される」（ハワー

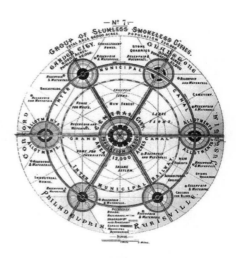

図1　ハワードの田園都市構想（東ほか2001）
注：環境に配慮するためにグリーンベルトで囲み，独自の食糧生産体系を創り出すために運河と鉄道で結ばれた都市群を構想した.

ド 1968：96）というものであった。田園都市の土地の開発にあたっては，民間による無秩序な開発行為の手が及ばないように，自治体が適切に管理運営して，住民は地域社会の維持や街のインフラストラクチャーの保持に努めることが期待された。

　1903 年から計画が進められたレッチワースは，協力的精神や都市・農村の融和，職住近接が評価され，戦後イギリスにおける都市計画法（Town and Country Planning Act）の参考になった。当時からイギリスでは，産業が大都市に集中し，一方で産炭地を中心とする地域経済の衰退が甚だしかった。これにより生じた地域間格差は，第二次世界大戦後で破壊された国土の復興とともに大きな問題となっていた。「揺りかごから墓場まで」という労働党の掲げた社会福祉政策の 1 つとして戦後のニュータウン政策が組み込まれ，レッチワースもこの範疇に位置付けられようとした。だが，レッチワースの住民たちは国の保護・管理を受けることを団結して拒否した（東ほか 2001）。1980 年代に入ると政策事業の終了とともに，全英ニュータウンの運営は開発公社から関係自治体へと引き継がれていった。この際にもレッチワースは行政や私企業を拒み，独自の財団を立ち上げ，あくまでも住民自身による運営を選んだ（山田 2003）。

　イギリスの田園都市構想は，住民による土地共有や協同的運営に加えて，職住近接の計画思想に基づいていた。特に，ハワードにより建設されたレッチワースは，この思想を実現したものだった。レッチワース以降，田園郊外（Garden Suburb）と呼ばれる住宅地がロンドン郊外に登場するが，この田園郊外と田園都市の特徴は根本的に異なるものであった。前者が，就労を別の地域に依存し，住機能に特化したいわゆる「ベッドタウン構想」であったのに対し，後者は人々が働いて住むための機能を持つ，総合的な街を目指していた（西山 2002）。たとえば田園都市では，街を取り囲む田園部において収穫された農産物を鉄道や運河によって街場に有機的に連携させ，全体として食糧自給の生産体系を創り出すシステムが構想されていた。また，さまざまな人々（障がい者や女性など）が住まいの近隣でも就労できるように，当時土地が高騰していたロンドンから企業を誘致して，レッチワースにおける職住近接の実現にも取り組んでいた。

1-2. アメリカの郊外型ニュータウン

　イギリスの田園都市に対して，アメリカにおける田園都市思想は，「反都市主義」[1] に端を発していた。建国以降のアメリカでは，非都市部は「真の生活環境は，共同体のメンバーが責任や愛着をもてるよう，自然豊かで小さくあるべき」（三浦 1999：41）という考え方があった。しかし 20 世紀に入ると，アメリカの郊外開発は，自動車の普及による広い生活スケールと市場経済に依拠しながら，急速に発展した。イギリスの田園都市の影響として，オープンスペースや地形・生態系に配慮した自然融和型の開発思想も見られたものの，実際にアメリカで展開したのは，居住機能に特化したベッドタウンとしての開発であった。1920 年代に入ると，郊外住宅地は自動車で都心に通勤する白人中産階級に人気を博した。ただし皮肉にも，自動車の依存度が高い人々が自然環境を求めて郊外に進出するほどに，交通インフラの整備によって周辺環境の破壊や汚染が進んでいった（東ほか 2001）。

　アメリカを代表する郊外住宅地といえば，レヴィットタウンである。レヴィットタウンは，ウィリアム・レヴィットにより 1949 年にニューヨーク州マンハッタン・ロングアイランドに建設されたアメリカ初の大規模住宅地で，最終的に 1 万 7 千戸を擁した [2]。自動車の大量生産を実現させたフォード方式で供給され，大量生産型の住宅建設方式によって街には一日に 36 戸の住宅が建設されていった。復員軍人などに向けた住宅供給が急務とされた戦後のアメリカで，レヴィットタウンは典型的な中産階級向け住宅としての地位を確立した。大量生産ゆえの均質的，画一的な住戸の特徴は否めなかったものの，手頃な価格にシンプルで広めの間取り，郊外の程よい自然環境に囲まれた庭付きの戸建て住宅は，都心の集合住宅への入居が果たせなかった子育て中の中流サラリーマン家庭を中心に高い支持を得て，豊かさの象徴となった（図 2）。

　レヴィットタウンでの暮らしには，大量消費や自動車の所有，核家族，仕事と余暇の分離など，当時「平均的なアメリカ人」の理想とされた生活が投影されていた。特に，家電や自動車などの消費財を得ることで豊かさを求めること，そして，その幸福感を共有することで一体化していく核家族というユニットは，伝統的な地域社会から離脱して人々が戦後の民主主義社会を生きるために重要であった。戦前のアメリカに存在した郊外での生活が上流階級のための

図2　レヴィットタウンのようす（ペンシルベ ニア州）（出典：The College of New Jersey）

贅沢品であった一方で，戦後アメリ カの郊外型ニュータウンは，一般大 衆のためのものであった。そこでは 人々が好きな時に買い物を楽しみ， 都市部では味わえない自然を満喫す ることができた。こうした戦後アメ リカの郊外型ニュータウンのイメー ジは，まさに 1970 年代以降の日本 の郊外ニュータウンのモデルにな り，戦後日本の人々の生活の憧れと なった。

2．日本の郊外ニュータウンと地域社会

2-1．戦後の住宅政策から大規模ニュータウンへ

　戦後日本における大都市圏への人口集中は，高度経済成長が始まった 1955 年頃から顕著になった。地方から流入してきた人々の新たな住宅需要が急増す る中で，当初は地主層による民間自力建設によって，木造賃貸住宅が都市圏近 郊の農地にスプロール[3] 状に開発された。また，1950 年に住宅金融公庫法， 1951 年に公営住宅法，1955 年に日本住宅公団法が施行され，公的住宅の供給 が整備された。ただし，それぞれの法律では高所得階層の持ち家促進，低所得 層向けの低家賃住宅供給，そして中産階層向けの住宅供給を目的としていたた め，これらの法律では，対象とする階層や世帯構成が厳密に定められていた。

　1950 年代後半から 1960 年代にかけての高度経済成長の進展にともない，都 市圏への人口集中，都心の地価高騰が始まり，住宅不足はますます深刻化して いった。民間の賃貸市場の回復により，木造賃貸住宅への住み替えを志向する 人々が多数存在した一方で，地方から流入した第一世代の中には，ライフス テージの高まりとともに世帯人員を増加させ，自らが勤める社宅や会社寮から賃 貸の公営集合住宅団地への住み替えを行う人々も出てきた。これらの人々の中 には，生活の安定とともに大都市圏での定住を視野に入れて，持ち家の取得に

生活水準向上の証を見出す人も現れはじめた（角野 2000）。この頃，都市郊外には戸建て住宅のほか，日本住宅公団（現・都市再生機構／ UR）によって，2DK などの間取りに代表される集合住宅団地の供給も行われた。日本住宅公団による住宅供給は，「団地」という新しい居住形態の選択肢を人々に示したが，そこには所得やセクシュアリティ，国籍など入居世帯への厳しい条件 [4] もあった。

　大都市圏への人口集中は，鉄道路線の発展とその沿線開発とともに，都市圏の周縁部に拡大していった。都心から周縁に発達した市街地は，鉄道沿線に小さな DID（Densely Inhabited District）[5] を形成しながら飛び地状に展開し，宅地化された土地を吸収しながら，新たな DID を形成して広がっていった。しかし，都市郊外部への市街地化と周縁部に形成される住宅の質は，必ずしも良好なものではなかった。東京，大阪，愛知などの三大都市圏では，都市郊外における無秩序な乱開発やミニ開発も顕在化し始めていた。これを都市計画の観点から懸念した国や自治体，日本住宅公団などの公的主体によって取られた施策が，1960 年代以降本格的にスタートしたニュータウン計画である。この計画では，公的な大規模宅地開発によって住宅不足を解決するとともに，無秩序な宅地開発によって生じていたスプロールに対処することを目的としていた。

　国家プロジェクトとして始動した日本のニュータウン計画は，もともとイギリスの田園都市構想を参考としたものであったが，商業施設，文化施設など消費や余暇，住機能に特化した空間をつくっていったことにより，アメリカの郊外住宅地（田園郊外）に近い性格を持つようになった。実際に，近隣住区やラドバーン方式を参考に創り出された建造環境や，都心／郊外といった職住分離構造は，アメリカの郊外型ニュータウンに近いものだった [6]。結果として，日本のニュータウン計画で大量供給されてきた郊外住宅は，住戸や周辺環境を含めて緻密に規格化されたものとなった。こうして創り出された計画的な空間は，入居者の家族規模やライフスタイルに少なからず影響を与え，住む人々の価値観や規範を形成してきたのである。

2-2.　職住分離における家族の役割

　1970 年以降，当時人気の高かった各地の郊外住宅団地やニュータウンに住

民が続々と入居を始めた頃，妻である女性たちの存在は，専業主婦として無償の家事労働に専念することで日本型都市システムの主要な構成要素として組み込まれていった。同様に，夫である男性たちの存在も，世帯収入の稼ぎ手として都心への長距離通勤や長時間労働に専念することで，同様にこのシステムの構成要素として組み込まれていった。このことは「家族の戦後体制」（落合1994）を経た近代家族という集合体が，職住分離の基盤となる都心／郊外の空間的な機能分化，公的領域／私的領域の分離をゆるぎないものとして強化したことを意味した（影山1998）。

これら中流層以上の核家族世帯においては，夫の雇用と所得が世帯内の家計を支え，妻が夫に対する再生産労働を提供するという「男性稼ぎ手モデル」が一般化した。男性が家族を養うだけの給料を企業から得る一方，女性がパート労働などで家庭外で働く場合にも，家計の補助的な収入の範囲で収め，その代りに家事・育児などのケア労働を女性たちが担うという仕組みである。「夫（男性）は勤め人／妻（女性）は専業主婦」という性別役割分業を前提とする核家族は，労働市場に対する再生産機能を担っていった。同様にジェンダー化された核家族は，セーフティ・ネットとなる社会保障システムを下支えする原理ともなっていった。こうして，生産労働の場としての都心部への勤務役割はおもに男性が担い，再生産労働の場としての郊外での家庭内・地域役割はおもに女性が担うという性別役割分業は，職住分離の都市空間にそのまま投影され，安定的に定着していったのである。

しかし現在，終身雇用制や年功序列賃金といった日本型の雇用慣行の衰退とともに，性別役割分業に基づく前提は崩壊しつつある。それにともない，日本の都市空間は大きな変貌の過程にある。このことは，「男性稼ぎ手モデル」を前提とした職住分離の都市構造と，これによって循環してきた都市システムがもはや十分に機能しなくなったことを意味している。計画的な空間であった郊外は，いかに変わりつつあるのか。以下では，地域社会における住民たちの実践を，ジェンダーの視点から検討する。

3．郊外における地域社会とジェンダー

3-1．自治体のアウトソーシングと主婦たちの起業

　近年，「小さな政府」の実現を目指した国による三位一体[7]の改革や，これにともなう公的部門のリストラクチャリングが始まり，自治体財政の緊縮化や公共的福祉の削減が住民の生活に大きな影響を及ぼした。定住人口の減少と少子高齢化が急激に進んできた東京都心から 30 km 以遠の郊外地域の自治体においては，住民の高齢化による公共サービスの需要が年々拡大し，財源確保が非常に厳しい状況に置かれていることも指摘されている（井上・渡辺 2014）。こうした中で都市郊外の地域社会では，1990 年代より自治体が担ってきた公共サービスの外部化（以下，アウトソーシング）が活発化していった。これらの「受け皿」となったのは，1998 年の特定非営利活動促進法制定以降に誕生した非営利活動法人（NPO）などの団体である。以降，官（自治体）と個人（住民）の間に位置する中間的な存在である非営利セクターを通じた，住民による地域への参加の動きが顕著になった。

　そこで，東京都心からおよそ 40 km 西郊にある多摩ニュータウンの関係自治体の 1 つであり，大規模なアウトソーシングの取り組みを行っていた東京都八王子市の事例から，都市郊外における地域社会とジェンダーの諸課題について考えてみたい。図 3 は，2003 年度〜 2005 年度における八王子市の一般会計決算に占める民間委託事業の推移を示したものである。2000 年代初頭は，同市において新たな取り組みがスタートした時期でもある。2003 年度は，その年の決算に占める民間委託事業費，つまりアウトソーシングにかけた市の事業費は 17 億円（決算額の 1.1 ％）であり，翌年の 2004 年度にはやや減少して約 15 億円（0.9 ％）であった。だが 2005 年度になると，事業費は 32 億円（2.1 ％）となり，およそ 2 倍以上に増加する。このことから，平均して市の決算額のおよそ 1.0 ％強程度が，毎年アウトソーシングのために支出されており，アウトソーシングが市にとって一定の重要度を示すものであることがわかる。

　次に図 4 は，八王子市の区分別にみた協働事業の件数である。協働事業とは，自治体と地域住民とのコラボレーションにより成り立つ事業のことで，受託者

34

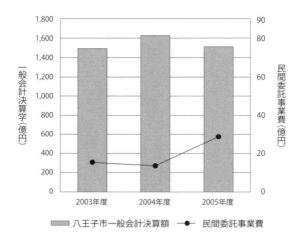

図3　八王子市の一般会計決算額に占める民間委託事業の推移
出典：八王子市資料

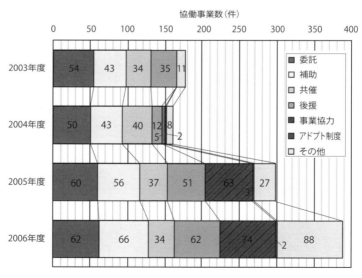

図4　八王子市における協働事業（区分別）
出典：八王子市資料

に業務責任を委ねる「委託」をはじめ，財政的な支援のみ行う「補助」，市と
共に業務を主催する「共催」などの内容がある。協働事業全体の件数は，2004

年度にいったんは減少するものの，2003 年から 2006 年の 4 年間におよそ 2 倍にまで増加する。また 2004 年度からは，新たに「事業協力」「アドプト制度」[8] が加わり，事業内容の多様化も進んだ。特に注目したいのは，「共催」「後援」「事業協力」などが 2006 年度までに事業の半分以上を占めるようになったことである。近年割合の高まったこれらの事業は，従来の「委託」や「補助」とは異なり，財政支援が必ずしも協働の目的とされていない内容となっている。このことは事業件数が増加する一方で，協働の内容自体が住民の無償のボランティアに頼る方向へとシフトしていることを示していた。

　このような自治体によるアウトソーシングは，これまで注目されてこなかった地域活動に光を当て，その担い手だった住民，特に家事・育児の傍らで地域活動に従事していた主婦たちに起業のための機会を与えた。以下では，自治体の協働事業を行うために主婦たちの手によって設立された有限会社 S 社の活動に注目し，地域における協働の中に生まれた女性たちの起業とそこでの実践について考えてみたい。

3-2.　地域における起業活動の光と影

　S 社は，1995 年 5 月に多摩ニュータウン（南大沢地区）に設立されたイベント企画や運営を専門とする有限会社である。スタッフは，いずれも南大沢地区周辺に暮らす主婦たちで，50 代〜 30 代の計 7 名（当時）によって構成された。同社の前身は，家事の傍らフルタイム労働に従事する主婦たちを中心とした任意団体であった。彼女たちは，ニュータウン住民の就業の支援，生活情報の提供，スーパーなど大型店舗誘致の活動を精力的に続けていた。当時，地域での生活経験に富んだ住民が地域振興を促進しようとする姿は，行政主導の政策から転換を図ろうとする地域住民の大きな期待と関心を集めるものであった。S 社は行政によるアウトソーシングの業務内容を通して，着実に自社の経営ノウハウを形成してゆき，ニュータウンのコミュニティ形成で得たリソースによって，その後，民間企業の事業を受託する収益部門の立ち上げを行っていく。

　S 社の事業内容は，①非営利活動，②協働事業，③収益事業，の 3 つに区分することができる。1 つ目の非営利活動は，完全なボランティア事業として，南大沢地区の地域活動に取り組むものである。例を挙げれば，生活相談のため

の「地域情報センター」の運営と生活改善の会議がある。これは住民同士のつながり，特に女性住民のネットワーク化をはかるための活動で，S社が誕生するきっかけともなった活動である。2つ目の協働事業は，S社が「半ボランティア」として位置付けるものである。駅前花壇整備やフラワーフェスティバルなどを中心に，スタッフと地域住民が八王子市から苗木の支給や名義の使用許可を受けて行ってきた。人件費が支出されず収益も前提とされないが，S社は運営事務局を担当し，主催者として参加者を集めて意見を取り入れながら，南大沢地区に関わるイベント運営を共に行うものであった。そして，3つ目の協働事業は，S社が「収益事業」として位置付けるものである。S社におけるボランティア部門の経費を補填し，非営利事業，協働事業の継続的な運営を可能にする資金的基盤となる。具体的には，当時東京23区内を中心に建設中であったタワーマンションなどにおけるコミュニティ支援事務局の運営である。これは，都心のマンション建設を行う民間ディベロッパーが，新規住民に向けて周辺地域の生活情報の提供や住民交流イベントを行うために設置した，事務局の委託事業であった。

　S社スタッフは，ほぼ全員が子育てを経験する核家族世帯の女性たちであり，多くは4年制大学か短期大学出身の高学歴の女性たちであった。しかし，彼女たちは結婚・出産のためいったん仕事を辞めていた。S社設立の背景には，雇用機会に恵まれてこなかった郊外ニュータウンの主婦たちの不満があった。育児・家事のために自宅の近くで職を探さざるを得ない彼女たちにとって，パートやアルバイトなどが中心となる郊外の地域労働市場や，マニュアル化され自らの意思決定を挟む余地がないような仕事を選ぶ状況は，決して満足のいくものではなかったのである。こうした中で，主婦としての生活経験が直接的に活かせるというS社の業務特性は，彼女たちにやりがいと魅力を感じさせるものだった。一般企業では，むしろマイナス評価の対象になるような生活者としての経験の一つ一つが，職業・技能上のキャリアとなり，時に自らのアイディアが意思決定に結びつくこともあるS社の活動は，高い能力と意欲を持つ主婦たちの活躍の場となっていた。そしてS社は，主婦の経験と悩みを共有するスタッフが，主婦としての生き方を戦略的に利用して事業展開していくことで，新たなビジネスチャンスを拡大していった。

しかし S 社での活動には課題もあった。つまりこれらの活動は，あくまでも彼女たちに課せられた家事・育児をこなして，はじめて家族や他者から認められるものということである。学童保育に子どもを預けて働く S 社スタッフ F さんは，「外へ働きに出るなら，子どものことだけは落ち度があってはいけないと思った」と述べ，育児を終えた I さんは，「どんなに遅く帰っても，家族が自分の作るご飯を待っている。何にせよ，夫が稼ぎ頭」と述べる。これらの話の背景にあるのは，彼女たちの多くが安定的な収入を得る正規雇用の夫を持つ主婦だという事実である。こうしたことから，主婦たちの地域活動や起業が，経済的に安定した世帯（家庭）を基盤とした，生産／再生産を含む彼女たちの過重労働によってのみ達成され得るものであるということも指摘できるのである。

4. おわりに

本章では，イギリス，アメリカ都市郊外の発展過程を踏まえながら，日本の郊外ニュータウンと地域社会の形成を概観してきた。日本の都市郊外は，イギリスの田園都市構想，アメリカのベッドタウン構想の双方を折衷させながら発展してきたが，都市システムの一部として家族の存在を組み込んできた点は，独自の特徴と捉えることができるだろう。こうした中で，日本の郊外が誕生して以来，職住分離の構造や都市生活などのさまざまな問題や矛盾を解決してきたのはおもに女性たちであり，彼女たちは家庭においてのみならず，地域社会においても人々の世話を担う「ケア要員」としての役割を期待されてきた。

女性たちの地域社会における活動は，可視化されにくいために社会的評価が得られにくく，賃金の発生しない無償の働きとなることが多かった。だが，近年活発化しつつある自治体のアウトソーシングと地域社会での協働の取り組みにより，彼女たちの活動が注目されるようになった。このことは，周縁化された人々について関心を向けるジェンダーの視点を通じて，可視化できるようになった動きであったといえる。一方で，こうした地域社会における女性たちの諸活動が，経済的に安定した家庭の存在と，そこでの過重労働によってはじめて成り立つものであることもわかった。固定的役割や規範を強いられてきた核家族という前提や，個々の住民のライフスタイルを規定してきた都市の空間機

能を改めて見直さない限り，もはや人々の多様な生き方を可能にするような郊外の存続は困難とされている．地域社会という身近な場であるからこそ，新たな再編の中で見過ごされがちな動き，たとえば誰がどのような負担を抱えつつあるのかということなどを，私たちは常に注意していく必要があるだろう．

*本稿の一部は，木村オリエ 2008．都市郊外における自治体のアウトソーシングと主婦の起業－多摩ニュータウン南大沢地区 S 社を事例にして．人文地理 60：301-322．を再構成したものである．

（関村オリエ）

［注］
1) 「反都市思想」とは，理想としての大草原の暮らしの対局にある都市への批判的な考え方である．特に富や権力の集中する大都市では，人々が孤独に苛まれ，アメリカ国民の公民精神が失われてしまうと捉えられていた（東ほか 2001）
2) レヴィットタウンは，1948 年にニューヨーク州に初めて建設されたのち，1952 年にはペンシルベニア州，1960 年にニュージャージー州などに建設された．それぞれに建設された郊外住宅は，退役軍人や子育て世代などに手頃な価格で提供することを目的としていたが，基本的に白人家庭に向けた計画となっていた．有色人種の契約・入居も可能だったが，住区となるコミュニティを分けるなど，しばしば差別的な扱いも問題視されていた．
3) スプロールとは，急速に都市化する地域において無秩序な土地開発が進行した結果，虫食い状態になる現象のことをさす．人口・機能の都市集中が過密化すると，周辺部への住宅分散が促進され，交通など生活基盤の遅れにもつながる．
4) 日本住宅公団（1981）によれば，①日本国籍を有する勤労者，②同居親族があること，③家賃の支払いが確実なこと，④連帯保証人が立てられること，⑤円満な共同生活を営むことができること，などの入居資格が定められていた．
5) いわゆる人口集中地区をさす．国勢調査の基本単位区を基礎として，「人口密度4000 人／km² 以上の調査地区が市区町村の境域内で隣接し，隣接地域が国勢調査時に5000 人以上の人口を有するもの」を人口集中地区とした．
6) 学校，医療施設，図書館，店舗，緑地などの諸施設と 1 万人程度が暮らす住宅地区を単位とした「近隣住区」や，自動車路線を完全に分離し，歩行者交通のみを結んだシステムで歩行者の安全を目指した「ラドバーン方式」などは，アメリカ・ラドバーンなどの郊外開発から生み出された独自手法であり，戦後イギリスなど各国のニュータウン計画に導入された．
7) 三位一体の改革とは，①国が地方に支出する国庫補助負担金の廃止や縮減，②地方行政の運営にかかる地方交付税の見直し，③国から地方への税源移譲，をセットで行うことにより，地方分権とともに，国と地方の財政赤字の再建を 2000 年代初頭に進めようとした小泉政権時代の改革である．

8）アドプト制度とは，行政の管理下にある公共施設の維持や管理の一部を，市民や企業などの民間に委ねるものである．Adopt には「養子にする」の意味があり，委託された民間側は「里親」にたとえられる．

［引用文献］
東 秀紀・風見正三・橘 裕子・村上暁信 2001．『「明日の田園都市」への誘い－ハワードの構想に発したその歴史と未来』彰国社．
井上 孝・渡辺真知子編 2014．『首都圏の高齢化』原書房．
落合恵美子 1994．『21 世紀家族へ』有斐閣．
影山穂波 1998．ジェンダーの視点から見た港北ニュータウンにおける居住空間の形成．地理学評論 71A：639-660．
角野幸博 2000．『郊外の 20 世紀－テーマを追い求めた住宅地』学芸出版社．
西山八重子 2002．『イギリス田園都市の社会学』ミネルヴァ書房．
日本住宅公団二十年史刊行委員会編 1981．『日本住宅公団史』日本住宅公団．
ハワード，E. 著，長 素連訳 1968．『明日の田園都市』鹿島出版会．
三浦 展 1999．『「家族」と「幸福」の戦後史－郊外の夢と現実』講談社．
山田晴通 2003．百周年を迎えるレッチワース田園都市－姫野侑教授の「研究ノート」によせて．東京経大学会誌（経営学）234：27-40．
The College of New Jersey．Aeraial view of Levittown, Pensylvania. http://teachpol.tcnj.edu/amer_pol_hist/thumbnail429.html（Last accessed 2 August 2023）

［文献案内］
■関村オリエ 2018．『都市郊外のジェンダー地理学－空間の変容と住民の地域「参加」』古今書院．
　性別役割分業を前提とした計画的空間である都市郊外とこれを乗り越えようとする地域社会の人びとの実践を，ジェンダー地理学の見地から読み解いた文献．
■三浦 展 2011．『郊外はこれからどうなる？－東京住宅開発秘話』中央公論新社．
　消費文化をキーワードに，居住に特化した空間である日本の都市郊外がいかに形成されてきたのか，東京の住宅開発史から分析した文献．

［学習課題］
「本書を参考に考えてみよう！」
　本章で取り上げた女性たちの活動は，どのような点で画期的だったといえるだろうか．日本の都市郊外の成り立ちと，いわゆる女性役割の観点から考えてみよう．
「興味を持った人はさらに調べてみよう！」
　行政広報誌などを通じて地域で取り組まれている活動について調べ，活動内容を分類してみよう．また実際にこれら活動は，どのような人たちによって取り組まれているのか，コミュニティセンター窓口などで取材してみよう．

第4章　ケア・サービスとジェンダー

　現在，日本を含む世界の国や地域において，保育や介護といった「ケア」を
社会がどう担保していくのかが，社会的にも学問的にも重要な課題となってい
る。ケアは歴史的に女性の無償労働によって担われてきた背景があり，ケア・
サービスを考えるうえでジェンダーの視点は欠かすことができない。この章で
は，ケア・サービスと都市を切り口に，「待機児童」にみる都市の特性や，ケ
ア施設の立地問題，ケア労働力の地理を紹介し，ケアを等閑視しない都市の姿
を考えるヒントとしたい。

1. ケアとジェンダー

1-1. ケアとは何か
　ケアとは，世話や配慮などの語源を持ち，広義には，他者の生を支えようと
する働きかけの総体を指す（三井 2004）。人の出生から死亡までの一生の中
では，ケアが必要となる場面がいくつもある。子どもの時の保育，老いた時の
介護，病気や怪我の時の看護，障碍を持った時の介助など，生身の人間として
生きている限り，ケアと無縁な人はいない。ケアがなければ，人間的に生涯を
全うすることは難しくなってしまう。また，今はケアを必要としていない人
も，未来に自分や家族にケアが必要になった時，それまでと同じように学業や
仕事で成果をあげることは難しい。適切で十分なケアが行われない心配がある
のでは，安心して働いたり将来を展望したりすることはできないだろう。ケア
の問題に注意を向けることは，人々が人間的に生涯を全うするだけでなく，社
会を活性化し持続可能なものにするうえでも重要なのである。
　しかし，こうしたケアやケアを担う仕事（ケア労働）は，それが社会にとっ
て必要不可欠であるにもかかわらず，軽視または等閑視される（注意を払わず
ないがしろにされる）傾向があった。ケアは，家族構成員の間などで無償でな

されるインフォーマルなケアと，外部のサービスや専門職などによってなされるフォーマルなケアとに大別される（井口 2020）。看護が 19 世紀にナイチンゲールによりフォーマルなケアとして制度化されたのに対し，保育や高齢者介護が労働として制度化された歴史はそれよりも短く，子どもや高齢者のケアは，家族，特に女性（母・妻・嫁）の無償労働（不払い労働，アンペイドワーク）に依存してきた。産業社会の表舞台から顧みられない仕事として，ケア労働はシャドウ・ワーク（影法師の仕事）とも呼ばれた。こうした経緯から，介護職や保育職の賃金は他の職業に比べて低い傾向にある。

　ケアを軽視・等閑視して出来上がってきた社会における問題が，現在，ケア・サービスの不足や機能不全，弱者へのしわ寄せといった形で表面化してきている。政治哲学者のエヴァ・キティは，ケア労働への軽視がもたらす社会のリスクについて，次のように警鐘を鳴らした。「劇場ではすべての出来事が舞台上で起こっているようにみえますが，裏方の仕事がなければ，舞台での演技はできません。そうでしょう？　全員を舞台に上げたら，裏方に誰もいなくなり，劇が成り立ちません。ケアの仕事は，裏方の仕事です。舞台の上での華々しさを求めて裏方が仕事を放棄してしまうならば，必ずや人間の営みや試み全体が崩壊するでしょう」（キティ 2010：85）。これは都市も例外ではない。20 世紀の都市は経済成長と経済発展の源泉として，生産活動の効率化を優先して整えられてきた。現在そこでは，ケアの担い手不足やケア・サービス不足が問題となっている。以下では，ケア労働やケア・サービスについて，都市に注目しながら考えていきたい。

1-2. 女性と家族をめぐる歴史的変化

　男性が主たる稼ぎ手となる「男性稼ぎ手モデル」の社会では，女性は家庭内での家事やケア責任を担う。こうした家庭内性別役割分業，すなわち，「夫が外で働き賃金を得て，妻が家庭内の家事・ケア労働を担う」という分業体制は，日本では近代化以降に都市の中流家庭でみられるようになった。既婚女性の主婦化は，第二次世界大戦後の高度経済成長期になると，家庭用電化製品の普及とともに幅広い人口へ浸透し，家事に専従する既婚女性の割合は 1970 年代に最も高くなった。

　こうした主婦化は，大都市で顕著に進展した。高度経済成長期の大都市圏では，地方からの急激な人口流入と祖父母や親戚などの親族サポートをもたない核家族が増加した。核家族における家事やケア労働は，祖父母や親族などと一緒に住む拡大家族とは異なり，家庭内の主婦が一手に担うようになった。また，出産行動の変化によって一人の女性が生涯に産む子どもの数が減るなかで，年長の子どもが弟や妹の世話をすることも少なくなった。

　大都市圏の拡大と職住分離の都市空間構造も，ケア労働が主婦へ集中する状況に拍車をかけた。高度経済成長期，東京などの大都市では，地方からの大量の人口流入と住宅需要の急増に対し，郊外で住宅団地が次々と供給された。郊外に住み都心に通勤する「稼ぎ手」の男性は，長い労働時間と通勤時間により家庭での不在が常態化した。その結果，主婦となった女性が家庭内の家事やケア労働を一手に引き受けることになった。

　しかし1970年代後半以降，主婦を取り巻く経済環境は大きく変化した。2度の石油危機を経て脱工業化（サービス経済化）が進み，サービス業を中心に女性の雇用機会が拡大したことで，雇用労働力における女性比率が上昇したのである（雇用労働力の女性化）。さらに，1980年代には男女雇用機会均等法，90年代以降はバブル崩壊後の不況などによって，家庭外で働く女性が増加し，専業主婦世帯と共働き世帯の割合は，1990年代半ばに逆転した。

1-3.　都市の女性労働の変化とケア・サービス不足

　「雇用労働力の女性化」による変化が大きかったのは，大都市圏であった。大都市圏では，戦後から高度経済成長期にかけて主婦化が進展したことで女性労働力率が相対的に低かったが，産業構造の転換のなかでサービス業が顕著に集積し，女性の働き方も大きく変化したのである。サービス経済化が進展した1975年以降の都道府県別女性労働力率の増減をみると（図1），サービス業の多い東京都や大阪府とその隣接県で，女性労働力率がより大きく増加したことがわかる（神谷ほか2008）。

　こうした中で，保育や介護などのケア・サービスの不足や機能不全が顕在化した。たとえば，1970年代から80年代にかけて，認可保育所[1]では担いきれないニーズの受け皿として認可外保育所（ベビーホテル）が増加した。その一

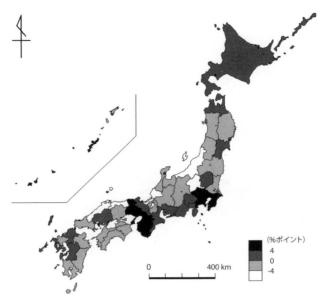

図 1　1975 年〜 2000 年の女性労働力率の増減（国勢調査より作成）

部の劣悪な施設で死亡事故が起きたことは，当時の女性や家族の変化に対し，社会における保育サービスの提供が十分に対応できていないことを露呈させた。

　さらに，1990 年代以降に社会問題化した保育所待機児童の多くは，大都市やその郊外を中心に発生していた。国が公表を開始した 1995 年 4 月 1 日の待機児童数は全国で 28,481 人，その後 2000 年まで 3 万人から 4 万人の間を推移していた。2001 年に待機児童の定義が変更され公表値としての待機児童数は減少したが，それでも，コロナ直前の 2019 年までの間，平均約 2 万人強の待機児童がいた。全国の待機児童のうち 6 割から 7 割を都市部 2) が占めており，多い年には 8 割を超えている 3)。図 2 は都道府県別の待機児童数と待機率を面積及び色の濃淡で示したカルトグラムだが，保育所待機児童は，東京・京阪神の大都市圏および政令指定都市があるいくつかの県に偏在していることがわかる。また，沖縄県は，米軍統治期の影響による認可保育所整備の遅れや出生率の高さ，ひとり親世帯の多さといった背景から待機児童数が上位となってい

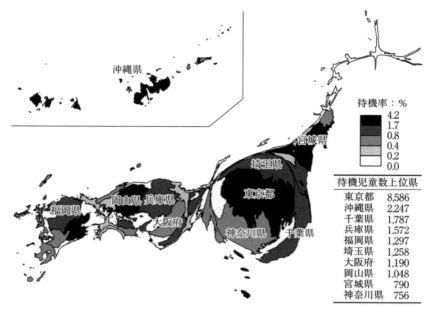

待機率：%
4.2
1.7
0.8
0.4
0.2
0.0

待機児童数上位県	
東京都	8,586
沖縄県	2,247
千葉県	1,787
兵庫県	1,572
福岡県	1,297
埼玉県	1,258
大阪府	1,190
岡山県	1,048
宮城県	790
神奈川県	756

図2　カルトグラムで表現した都道府県別待機児童数（宮澤・若林 2019：37 より引用）

る。

　保育だけでなく，高齢者ケアについても，1960 年代後半に「寝たきり老人」が社会問題化したほか，70 年代以降，認知症高齢者を介護する家族の過労や負担が注目されるようになった。大都市では人口の高齢化が地方よりも遅かったが，高度経済成長期に大都市に流入した第一次ベビーブーム世代（「団塊の世代」）の加齢により，今後の介護需要の急増と介護サービス不足が懸念されている。2019 年度のいわゆる「待機高齢者」（特別養護老人ホームへの入所を申し込んでいるものの入所できていない人）の数は，全国で約 29.2 万人，1 都 3 県では約 6.1 万人に達している [4]。

2．都市の時空間的制約と「隠れ待機児童問題」

　保育所待機児童問題の解決の難しさは，都市固有の空間構造にも一因がある。それを理解するために，「隠れ待機児童問題」から考えてみよう。

　「待機児童」は，1990 年代にカウントされ始めてから現在までの間に何度か定義が変更されている。現在（2015 年以降）の「待機児童」の定義では，「保護者が求職活動を中止している」「特定の保育所のみ希望している」「育児休業を延長している」といったケースは，保育の必要度が相対的に低いと判断されることから，公式統計から除外することができる。公式統計から除外されたケースは「隠れ待機児童」と呼ばれ，公式の待機児童数との乖離が大きくなっている。2021 年 4 月 1 日の公式待機児童数は 5,634 人と従来から激減したが，隠れ待機児童は 6 万人を超すと報道された [5]。

　公式の「待機児童」から除かれる上記のケースのうち，たとえば，「特定の保育所のみ希望している」という項目は，「気に入った施設にこだわっている」と解釈して保育の必要度が低いと判断する人もいるかもしれない。しかし，保育所を希望する人の生活行動全体を考えると，そうとばかりは言えない。

　保育所は一般的に，子どもの送迎を親が行うことが多いため，親が送迎できる範囲になければ利用が難しい。特に東京のような大都市で働く親の場合，鉄道などの公共交通機関を利用した通勤が多いため，自宅と最寄り駅と勤務先という 3 点を結ぶ通勤経路を大きくはずれた場所に立地する保育所の利用は現実的でない。また，大都市郊外では通勤時間の長さから延長保育や長時間保育の需要が高くなりがちだが，遅くまで預かってくれる保育所は限られている。さらに，子どもが 2 人いて下の子が上の子と同じ保育所に入れない場合，送迎時間の問題から利用できなくなることもある。

　ここで重要なのは，距離（空間）の制約だけでなく，時間の制約もあるということである。たとえば，働く親にとって，保育所の送迎は単独で完結する活動ではない。朝であれば，自身と子どもの朝食や身支度を済ませ，子どもを抱えるか連れて，自身の出勤時間に間に合うように移動を完了しなくてはならない。夕方は，保育所の閉まる時間に間に合うように勤務先を出て，場合によっては夕食のための買い物も済ませ，子どもを保育所から引き取った後は夕食や入浴をとらせて適切な時間に寝かせなければならない。この一連の活動が可能にならなければ，仕事・通勤と家庭（ケア）の両立はできない。

　マイカーの保有が一般的な地方圏では，通勤経路から少しはずれた移動でも調整可能な場合が多いが，職住が分離した都市空間構造，公共交通機関に強く

依存したライフスタイルや長時間通勤，世帯内で送迎を手伝ってくれる家族構成員の少なさといった都市の特徴は，この調整をより難しくさせる。時間地理学は，こうした都市固有の時空間的制約と保育の問題を明らかにしてきた（荒井ほか 1996；宮澤・若林 2019）。

　こうして，大都市の保育需要は，駅前などの多くの人にとって利便性の高い所に立地する施設に強く集中する。他方，駅前は保育所を建設するための用地不足や地価の高さから，受け皿の拡充には限界がある。これに対し，大都市圏の自治体による独自事業，企業によるオフィス内保育所のほか（久木元 2016），国は，小規模保育を認可対象にするなどの対策も進めているが，隠れ待機児童を含む都市固有の保育問題の根本的な解決には至っていない。

3．ケア施設の立地問題

3-1．施設コンフリクト

　高齢者や子ども，障碍を持つ人へのケアを提供する施設は社会的に必要であるにもかかわらず，建設時に近隣住民からの反対運動が生じることがある。「公共的見地からは必要であるが，近隣での建設に反対すること」を NIMBY（「Not in My Back Yard」）現象といい，こうした施設の立地をめぐる紛争は，「施設コンフリクト」と呼ばれる。福祉施設に関する施設コンフリクトでは，精神障碍者施設や老人ホームのほか，保育所でも，子どもの声を「騒音」として閑静な住環境を望む近隣住民から反対運動が起きる例が知られている。2017年の読売新聞による全国の主要 146 自治体への調査によれば，保育施設に対し周辺住民から苦情を受けたことのある自治体は 109 に上り，閉園中止に至ったケースは 16 件あった [6]。

　保育所に通う子どもの声が騒音として認識されるようになった背景には様々な要因が考えられるが，特に 2010 年代の増加について，保育所設置基準の緩和により住宅市街地での保育所建設が増加したことや，一部の住民に保育所の必要性が理解されないこと，子どもに対する意識の変化が指摘されている（藤田・斎尾 2017）。また，自治体による事前説明の不足や希薄な地域コミュニティ，都市住民や保護者の労働時間・生活時間の多様化も影響している。たと

えば，夜勤のため昼間に睡眠をとる必要のある住民に保育所の子どもの声が騒
音と認識されたり，早朝保育や夕方・夜間の保育が住宅地では騒音や交通渋滞
として苦情につながったりする場合がある。

3-2.　「子どもの健全育成」と歓楽街の保育ニーズ

　子どもの健全育成の観点から，認可保育所（児童福祉施設）と風俗営業店舗
は近隣に立地しないよう，各自治体の定める条例によって規制されている。こ
れは本来，風俗営業店舗への規制であり保育事業者が保育所を設置することを
妨げるものではないが，実際にそうした区域に保育所を設置しようとする場
合，周辺事業者からの反対が出ることがある（ライク株式会社 2017）。こう
したことから，風俗店やアルコールを提供する飲食店等が集積する歓楽街で
は，認可保育所の立地は抑制的であった。

　他方，風俗店等で働く女性の中には，シングルマザーも少なくない。多くの
風俗店では，自店で働く女性のために託児所を無料または低料金で運営した
り，近隣の提携保育所の紹介や手続きのサポートをしたりしている。風俗店で
働く女性の中には，事情があって親族に頼れず，行政手続きの複雑さや情報不
足によって公的福祉サービスにアクセスできない女性も多い。そのため，賃金
だけでなく住居や保育も提供する風俗店は，彼女たちにとって事実上の「セー
フティ・ネット」となっている。

　これ以外でも，都市の 24 時間保育や夜間保育を行う認可外施設の立地をみ
ると，繁華街や歓楽街の近くに確認される傾向がある。風俗店やアルコールを
提供する飲食店等は主に夕方から夜間にかけて営業を行うために，そこで働く
親には夜間保育の需要が生じる。多くの場合，これらは認可保育所の保育時間
では対応できないために，認可外の保育施設で担われている。これらの認可外
保育所は，公的福祉からこぼれ落ちるニーズの受け皿となっているのである。

4.　ケアの地理学の諸課題

　ケア・サービスやケアをめぐる地理学的視点は他にも数多くあるが，最後に，
ケア労働力の地理として「グローバル・ケア・チェーン」と，ケアを等閑視し

ない都市「Care-full City」の視点を紹介して，この章を閉じよう。

4-1．ケア労働力の地理－グローバル・ケア・チェーン

　欧米先進国でも家庭外で働く女性が増加する中で，発展途上国の移民労働力が，ケア労働の担い手となってきた。先進国（グローバル・ノース）のホワイトカラー女性が労働市場に参加する中で担うことのできなくなったケアを，発展途上国（グローバル・サウス）からの移民女性が担う構造は，「グローバル・ケア・チェーン」と呼ばれる。こうしたケア・チェーンの末端にいる移民労働者たちは，賃金と引き換えに不安定な雇用・労働環境や家庭という閉鎖空間で雇い主からの暴力・人権侵害のリスクにさらされるほか，自国に残した家族（子ども）のケアは，親類や家政婦などへの委託が十分にできない場合，誰にもケアされないという問題も指摘されている。

　日本でも，ケア労働力の不足する介護分野において，2005年から外国人の受入れが拡充されてきた。現在日本では，EPA（経済連携協定）[7]，留学，技能実習，特定技能の4つの制度を用いて外国人介護人材を受け入れており，介護分野でのEPA（経済連携協定）を結ぶインドネシア，フィリピン，ベトナムからの流入が徐々に増加している（図3）。また，人口の東京一極集中を背景

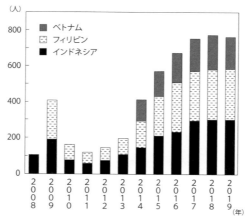

図3　EPA（経済連携協定）に基づく介護福祉士候補者の推移
厚生労働省「「経済連携協定に基づく受入れの枠組み」より作成.
注：各国の受入れ開始年は，インドネシアが2008年，フィリピンが
　　2009年，ベトナムが2014年.

に急増した東京圏での介護・保育需要を背景に，大都市の介護事業者や保育事業者は地方圏での求人活動を行っており，大都市圏で充足できない労働需要の一部は国内地域間の移動によって充足されている（加茂 2017，甲斐 2020）。

4-2. ケアを等閑視しない都市に向けて

　ケア・サービス供給に加えて，生産活動を最優先に構築された都市空間構造に気づき，ケアを等閑視しない都市のあり方を考えていく必要がある。フェミニスト地理学者のレスリー・カーン（2022）は，近代以降の都市や都市計画が，異性愛者で健常な男性の抱えるニーズに基づいて構築されてきたことを指摘し，女性やトランスジェンダー，障碍者など，多様な人々の視点に立った都市計画と，ケアを必要とする人や誰かのケアをしている人にとって障壁が少ない（Care-full な）都市のあり方を考察している。

　私たちの都市は，妊娠中や小さな子ども連れで仕事や買い物に行くときでも，高齢者や介護する人が車いすを押して移動するときでも，障壁の小さい都市になっているだろうか。都市計画や交通システムは，ケアが必要な人や誰かのケアをしている人を念頭においたものになっているだろうか。ケアを念頭において都市を観察し考えることは，健康で稼ぐ能力のある時だけ便利な都市でなく，ケアが必要な時や，あなたにとって大切な人のケアをする時にも安心して暮らせる都市を構想する試みなのである。

（久木元美琴）

［注］
1) 児童福祉法に基づく児童福祉施設で，国が定めた設置基準をクリアして都道府県知事に認可されたものをいう．保護者が仕事や病気などの理由で 0 歳〜小学校就学前の子どもの保育ができない場合に利用することができ，公費によって運営される．保育の必要度を自治体が審査して入所の可否が決定されるため，入所申請をしても入所できない場合がある．希望する認可保育所に入所できない問題を保育所待機児童問題という．
2) 首都圏（埼玉県・千葉県・東京都・神奈川県），近畿圏（京都府・大阪府・兵庫県），その他の政令指定都市・中核市．
3) たとえば 2010 年の待機児童数 26,275 人のうち，7 都府県・政令指定都市・中核市は 22,107 人（84.1 ％）を占めた．

4）厚生労働省 2019. 「特別養護老人ホームの入所申込者の状況」

5）日本経済新聞デジタル版 2021 年 8 月 27 日「「隠れ待機児童」6 万人超　コロナで利用控えも解消せず」https://www.nikkei.com/article/DGXZQOUA272YJ0X20C21A8000000（2022 年 3 月 30 日最終閲覧）

6）読売新聞オンライン 2017 年 10 月 4 日「「園児の声うるさい」・・・保育園は "迷惑施設" か」https://www.yomiuri.co.jp/fukayomi/20171003-OYT8T50002/（2022 年 7 月 15 日最終閲覧）

7）EPA（経済連携協定）とは，国や地域を限定して，輸出入にかかる関税の撤廃・削減，サービス業を行う際の規制の緩和・撤廃（サービス貿易）等を行い，モノ・カネ・サービスの移動を促進し連携を強化するための協定のこと．

［引用文献］

荒井良雄・岡本耕平・神谷浩夫・川口太郎 1996. 『都市の空間と時間－生活活動の時間地理学』古今書院．

井口高志 2020. ケアとは何か．武川正吾・森川美絵・井口高志・菊地英明編著『よくわかる福祉社会学』22-23. ミネルヴァ書房．

カーン，L．著，東辻賢治郎訳 2022. 『フェミニスト・シティ』晶文社．Kern, L. 2020. *Feminist city: Claiming space in a man-made world*. London: Verso.

甲斐智大 2020. 東京都における保育所の経営主体からみた保育労働市場の特性－新卒保育士の採用を中心に．地理学評論 93A：61-84.

加茂浩靖 2017. 専門職の労働力需給と賃金．宮澤 仁編著『地図でみる日本の健康・医療・福祉』172-175. 明石書店．

神谷浩夫・若林芳樹・中澤高志 2008. 働く女性の都市空間．由井義通・神谷浩夫・若林芳樹・中澤高志共編著『働く女性の都市空間』1-18. 古今書院．

キティ，E, F. 著，岡野八代・牟田和恵監訳 2010. 『愛の労働あるいは依存とケアの正義論』白澤社．

久木元美琴 2016. 『保育・子育て支援の地理学』明石書店．

独立行政法人労働政策研究・研修機構 2022. 「専業主婦世帯と共働き世帯」https://www.jil.go.jp/kokunai/statistics/timeseries/html/g0212.html（2022 年 3 月 31 日最終閲覧）

藤田 悠・斎尾直子 2017. 老人ホーム・保育所に対する社会意識の変遷と課題－建設反対事例の新聞記事記載内容と立地周辺環境の分析．『日本建築学会計画系論文集』82（733）：697-703.

三井さよ 2004. 『ケアの社会学』勁草書房．

宮澤 仁・若林芳樹 2019. 保育サービスの需給バランスと政策課題－ GIS を用いた可視化から考える．『日本労働研究雑誌』707：35-46.

ライク株式会社 2017. 「待機児童の解消に向けて障害となる事業所内保育及び認可保育園等の設置・運営における制度上の課題」（内閣府第 2 回保育・雇用ワーキンググループ資料）．https://www8.cao.go.jp/kisei-kaikaku/suishin/meeting/wg/hoiku/20171006/171006hoiku03.pdf

［文献案内］

■久木元美琴 2016. 『保育・子育て支援の地理学』明石書店.
　保育・子育て支援について，需給の地域差が生じるのはなぜか，保育ニーズの多様化に地域はどのように対応したのか，事例調査から検討した.

■宮澤　仁 2022. 大都市における子育てと働き方. 佐藤廉也・宮澤　仁『人文地理学からみる世界』放送大学教育振興会.
　時間地理学の基本的な考え方と，GIS を用いたシミュレーションによる保育の課題の可視化や対応事例を学べる. 高齢者福祉についても同書の「大都市高齢者の居住安定と福祉」で説明されている.

■ローズ，G. 著，吉田容子ほか訳 2001. 『フェミニズムと地理学―地理学的知の限界』地人書房.
　第 2 章「女性と日常の空間」では時間地理学が明らかにしたこととその限界を論じている.

［学習課題］

「本章を参考に考えてみよう！」

・「隠れ待機児童問題」について，どのような対策が考えられるだろうか. 都市の自治体による実際の事例なども調べながら，話し合ってみよう.

・介護人材を送り出す国（東南アジア諸国）と受け入れる国（日本）の双方にとって EPA（経済連携協定）にはどのような利点や課題があるだろうか. 調べてみよう.

「興味を持った人はさらに調べてみよう！」

　あなたの住んでいる都市は，ケアに配慮して作られているだろうか. ベビーカーや車いすを押していると仮定して，外出や移動がスムーズにできるかどうか，段差やバス・電車の乗り継ぎ，「誰でもトイレ」や授乳スペースなどに注意しながら，実際に歩いて調べてみよう.

第5章　ジェンダーと視覚表現
－ホームをめぐる表現を読み解く－

　都市空間にあふれる視覚表現は，社会におけるジェンダー関係を如実に反映するものである。本章では，新型コロナウイルス感染症が拡大する中で，日本社会において要請された「ステイホーム」に関する表現を事例として取り上げる。最初に，近年の文化地理学研究で用いられている視覚表現を論じる枠組みについて学び，その後，2020年春以降，日本社会において要請された「ステイホーム」にかかわる表現について，ホームの地理学の視点から読み解いていく。

1.　「炎上」する広告

　近年，企業や行政のPR動画やCMをめぐって，しばしば騒動が起こっている。内容それ自体に問題があり，「炎上」を招いたのだということもできようが，理由はそれだけではない。「炎上」した媒体に対する私たちの接し方が大きく変わったことも重要である。インターネットやSNSの普及により，問題となった広告や動画へのアクセスが容易となり，それらに対して感じた不快感はすぐさま表明され，さらには，そのコメントに対して賛同や異見が瞬く間に寄せられるようになっているのである。瀬地山（2021）は，「炎上」CMをジェンダー論の視点から読み解いている。例としてあげた「炎上」CMがなぜ女性の側から批判され，問題視されたのか。CMそのものを解釈するだけでなく背後にあるジェンダー関係についても明らかにしている。

　問題視されるのは，ジェンダーやセクシュアリティという点だけではない。人種や民族という点からもCMが批判にさらされることも少なくない。このようにさまざまな視点から批判され「炎上」するCMやPR動画を，表現の問題に過ぎないということができるだろうか。「たかが広告」の問題，取るに足りない問題ということができるだろうか。瀬地山が「炎上」CMを例に論じて

いるように，それらは決して表現のされ方に矮<ruby>小<rt>しょう</rt></ruby><ruby>化<rt>か</rt></ruby>されるものではない。む
しろ，それらを通底するステレオタイプ化された考え方や，表現されるに至っ
た不均衡な社会的プロセスについて，考えることが必要である。

　CM や PR 動画が「炎上」したとき，何がどのように表現されているか，と
いう内容にかかわる点に集中しがちである。しかしながら，近年の視覚表現研
究において，広告などのイメージは見られる対象としてのみ位置づけられてい
るのではない。広告という視覚表現が都市の中に配置されていくこと，さら
に，それが社会に対してどのような行為をなしているかということが重要な論
点となっているのである。

　本章では，まず，時に論争を引き起こすことのある視覚表現を論じる枠組み
について，近年の文化地理学研究にもとづいて整理する。その後，2020 年春
以降，コロナ禍の日本社会において要請された「ステイホーム」にかかわる表
現について，ホームの地理学の視点から読み解いていく。

2. 視覚表現を読み解くために

2-1. 都市空間を埋め尽くす広告

　私たちは，日々，多様な媒体を通して視覚的な表現と接している。紙媒体や
テレビを通してだけでなく，オンラインで私たちの視覚に訴える情報は膨大で
ある。その上，CM などのイメージは端末を遮断しても，圧倒的な量で私たち
のもとへと押し寄せてくる。街に出ても，公共交通機関の車両には多様な広告
が提示されているのである。都心の駅構内も同様である。都市空間の中で，広
告という視覚表現は増殖し，視覚によって情報を得ている限り，私たちはそれ
らと全く関係を持たずにはいられなくなっている。視覚表現は都市の環境の一
部となっているのである。

　小林（2021，2023）は，東京五輪開催前から東京都内の主要駅構内や車両に
提示された広告を観察してきた。開催が近づくにつれ，都市空間が五輪関係の
広告で満たされてきたのであるが，なかでも目を引いたのが，デジタルサイネ
ージ[1] なども使用した美容関連のスポンサー企業の広告である。小林は，都
市空間に増殖する化粧品や脱毛サロンやクリニックなど美容関連商品の広告の

分析から，「美しさ」と「強さ」を結びつけるような表現が急増してきたことを明らかにしている。キャッチコピーというテキストを伴い，女優や女性アスリートは「女神化」され，虚像ともいうべきイメージがあふれているというのである。

このような美容関連商品の広告は，各種メディアで目にする機会が多く，批判され「炎上」することもなかったものである。ここで注目しなければならないのは，メガイベントという都市的祝祭とかかわりながら，都市という公共空間の中に，あるイメージ―この場合は，美と身体規範に基づく女性像―があふれていることである。これら広告は掲載されている商品の販売を推進するだけに止まらない。国家をあげて行われるメガイベントとかかわりながら，女性の身体にかかわるある種の規範と美の考え方についてのメッセージが，環境の一部として街にいる人々を覆っていることに注意を向ける必要がある。表現された内容そのものだけでなく，それらが社会の中で何を成しているのか，そのことを問うことが重要である。

2-2. 視覚表現を分析する枠組み

ジリアン・ローズは，フェミニスト地理学における理論的研究をリードしてきた一方で（ローズ 2001），視覚表現に関する研究を活発に展開してきた英国の人文地理学研究者である。視覚表現に関する研究方法について解説した *Visual methodologies* は，2001 年に初版が出版されて以来，メディアをめぐる状況の変化や研究動向もふまえ，少しずつ書き改められ，2016 年には第 4 版が出されている（Rose 2016）。

視覚表現という語を使用しているが，ここでいう視覚とは，私たちの目が生理学的に何かを見ているということを指し示すのではない。何がどのように見られているのか，すなわち，どのように受容され理解されているかということが重要である。視覚表現は，視覚文化として，すなわち，社会的状況や視覚的効果の点から考察されなければならないと，ローズは主張する。留意すべき点として，次の 5 点を強調している。

1）イメージ（image）が社会的差異を可視化していることに注意を払う。
2）そのイメージがどのように見えるのか，というだけでなく，どのように

見られているのか，留意する。

3）より広い文化のなかに埋め込まれたものとして視覚的イメージを考察する。

4）技術や提示される空間を含む視聴や観覧，流通に関する問題として考える。

5）イメージそれ自体がもつ作用にも留意する。すなわち，どのように見えるかということだけでなく，イメージは「何を行うか」，人々に対してどのような効果をもたらしているのか，そのことにも気を配る必要がある。

　このような視点に基づいて提示されたのが表 1 の分析枠組みである。様式（modality）は，技術的様式，構成的様式，社会的様式から成る。一方，視覚表現をどのような「場」（site）において考察するのかということも重要な軸であり，〈イメージそれ自体〉，〈制作〉，〈オーディエンス（視聴・観覧）〉，〈流通〉という 4 つの場が提示されている。これら 3 つの様式と 4 つの場を組み合わせることによって，私たちは視覚資料の多面的な考察を展開することができるのである。

　各々の場について詳細に見ていこう。〈イメージそれ自体〉とは視覚的に表現された像そのものをいう。どのような技法で表現されているか，どのような構図でイメージが構成されているか，そのイメージはどのような意味を有しているか。いずれも，視覚表現を熟覧することによって考察される点であり，絵画などの研究において用いられてきたやり方である。CM や PR 動画が「炎上」する際，女性の身体が性的対象として表現されているがゆえに批判されることがある。この時，賛否がぶつかり合うのは，主にこの〈イメージそれ自体〉という場である。

　イメージの〈制作〉という場において問われるのは，技術的にどのように制作されているかという点である。さらに，そのような制作技術や表現方法がどのようなジャンルの中に位置づけられるかという点などにも注目する。また，イメージの制作がどのような社会的なプロセスで行われてきたかという点も重要である。あるイメージが批判されるときに，制作に至った社会的政治的関係が注目されることからも，理解しやすい点であろう。

　この 2 つの場と比べると気がつきにくいのが，〈オーディエンス〉と〈流通〉

表1　視覚資料を解釈するため枠組み

	技術的様式	構成的様式	社会的様式
イメージそれ自体の場	視覚的な効果	構図	視覚表現の意味
制作の場	制作方法	ジャンル	誰が，いつ，誰のために，なぜ制作したのか
オーディエンス（視聴・観覧）の場	展示・表現の方法と場所	オーディエンスの位置 他のテクストとの関係	どのように，誰が，なぜ解釈するのか
流通の場	どのように流通しているか	流通にともなう変化	誰／何によって，なぜ流通過程が編成されているのか

Rose（2016：25）の Figure2-1 をもとに作成.

という場である。オーディエンス（audience）は，観客や聴衆と訳されることが多いが，ここでは見る人の行為やそれら行為が生じる具体的な状況や場所も含意する。表1では，麻生ら（2019）で使用されている視聴，観覧という訳語を使用したが，より広い意味でイメージに接する人々の行為を指し示す用語として理解すべきなのである。例えば，映画という視覚表現を想定してみよう。単に，映画を見るというのではなく，どこで見るのか（自宅で見るのか，どのような映画館で見るのかなど），どのような状況で見るのか（ソファーに寝そべって見るのか，授業の一環として，教材として教室で見ているのかなど），映画に接する広範な行為が問題となるのである。また，この〈オーディエンス〉という場に注目したとき，表現に関する技術的な側面に加え，それがどのような空間にどのような文字情報や物質と一緒に提示されているのか，それらはどのように解釈されるのか，という点が重要となる。東京五輪が近づくにつれて，都市空間の中に美にかかわる広告が増殖していったことを小林（2021）は論じているが，この議論で有効となるのが，この〈オーディエンス〉という場である。不特定多数の人が行きかう公共空間に配置されていること，常にオリンピックというメガイベントと並列して表現されていること，そしてまた，ある種の女性の美を表現するだけでなく，その広告によって公共空間を美化しようという目論見もあることなど，掘り下げていくことができるだろう。

　〈流通〉の場においては，視覚表現が物質として移動し，それにともなって変容していく様に焦点があてられる。〈流通〉の場という軸は第4版（Rose 2016）ではじめて登場したものであるが，それは，デジタル・イメージをめぐ

る状況が大きく変化してきたことと無関係ではない。〈制作〉，〈オーディエンス〉の場も含め，多様なソフトウェア，ハードウェアによって媒介されるイメージは，社会の中を容易に「旅する」こととなったのである。〈流通〉の場に注目することによって，視覚表現と移動の有り様が明らかになる。

　このような3つの様式と4つの場を組み合わせた枠組みを手掛かりに，「ステイホーム」にかかわる視覚表現を読み解いていこう。

3．ホームをめぐる視覚表現を考える

3-1．「ステイホーム」という標語

　新型コロナウイルス感染症が流行する中で，感染抑制を意図したさまざまなメッセージが発せられた。それらの多くは視覚表現を伴うものであり，中には批判にさらされるものもあった。2020年4月，第1回目の緊急事態宣言下で要請された「ステイホーム」にかかわるメッセージについても同様である。ここでは，「ステイホーム」にともなって提示された視覚表現を読み解き，「ホーム」の地理について考えていく。

　「ステイホーム」という呼びかけは，本来，外出を控えることを意図するものである。「おうちですごそう」「おうち時間」「巣ごもり」といった表現も

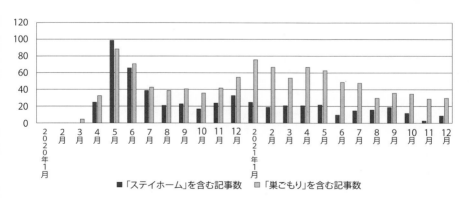

図1　「ステイホーム」「巣ごもり」に関する新聞記事数の推移
（「朝日新聞」2020年1月〜2021年12月）
朝日新聞データベースで検索．

含め，「ステイホーム」という一種の標語は社会を埋め尽くすようになった。図1は「ステイホーム」という表現を含む新聞記事数の変化を示している。2020年1月，日本で最初の感染者が出た時からを検索範囲としたが，3月初め，全国の小中高等学校に一斉休校が要請された時期には，自宅待機を余儀なくされ混乱をきたしたにもかかわらず，「ステイホーム」という語は見られない。4月7日東京，神奈川，埼玉，千葉，大阪，兵庫，福岡の7都府県に，続いて16日に全国を対象に，緊急事態宣言が出されてから登場してきた表現であるといえよう。特に，通常であれば人々の活発な移動を促すゴールデンウィークの時期には，外出せずに自宅で過ごすことが求められ，「ステイホーム」という表現もピークを迎えることとなる。その後，年末年始にも使用の増加がみられるが，第1回目の緊急事態宣言時と比べるとそれほど多くはない。一方で，この時期には，「巣ごもり」という表現が多く使用されていることに気がつく。

　ある時期に集中して発せられた標語「ステイホーム」は，きわめて巧妙に作り上げられた表現である。「外出を控えろ」「じっとしていろ＝Stay」という暴力的な命令が，「ホーム」「おうち」という柔らかなニュアンスを持つことによって，やさしい様相を呈することになったからである（小ヶ谷2020）。「ホーム」という柔らかな表現で何を表現しようとしているのか，そして，何がその表現から抜け落ちているのか。『現代思想』48巻10号の特集「コロナと暮らし」をはじめとし，「ステイホーム」が要請される社会的状況や「ホーム」それ自体を問う研究が今日に至るまでなされてきた[2]。ここでは，「ステイホーム」が呼びかけられる際に使用された視覚表現に焦点を当てることから，「ホーム」について解き明かしていく。

3-2.　「ステイホーム」と視覚表現

　「ステイホーム」の呼びかけがあちこちで見られるようになった頃，批判にさらされ謝罪するに至った広告があった。その1つは，「熊日de充実すごもりライフ」と題されたチラシで，2020年4月に熊本市内で配布されたものである。ゴールデンウィークの外出自粛を呼びかけるチラシであるが，問題視されたのは，イラストとそれに付された説明である。屋根の下，7人と猫1匹の顔が描かれている。7人の内訳は成人男女が4名，子どもと赤ん坊が3名，青

図 2　「ステイホーム」の表現（1）
東京都「いのちを守る STAYHOME 週間」
（2020 年）

図 3　「ステイホーム」の表現（2）
無料イラスト素材（「素材ラボ」https://
www.sozailab.jp/sozai/detail/61738/）

色と赤色で男女が区別されている。各々の顔のイラストは，ゴールデンウィークに何をするのか，説明が付されている。成人男性には「ゆっくり読書」「映画鑑賞」と，成人女性には「いつもより手の込んだ料理」「断捨離して大掃除」という言葉が添えられているが，それがステレオタイプ化された男女の役割分担に基づくと異議申し立てがなされたのである。瀬地山（2021）も「炎上」CM の分析から明らかにしているように，家事は女性が行うものという性別役割分業意識が社会に根強く蔓延っていることを物語る表現といえよう[3]。

　柔らかいニュアンスで描かれた「ホーム」の表現には，共通した特徴がみられる。3 つの様式と 4 つの場から構成された視覚表現の分析枠組みを意識しながら，次の 2 つのイラストを観察してみよう。図 2 は，2020 年 4 月後半，東京都が「いのちを守る STAYHOME 週間」にあわせて出したものである。いくつものバリエーションが見られ，東京都だけでなく，企業のウェブページにおいても使用された。図 3 は，無料イラスト素材として提供されているものである。

　〈イメージそれ自体〉という場に焦点をあてると，両方とも，屋根のある一軒家が「ホーム」として描かれていることわかる。また，図 2 の 3 人の表情，図 3 の建物に付された表情がいずれも幸せそうな穏やかなものであることにも気づくだろう。図 3 では煙突からハートマークが噴き出していることも，愛情に満ちた幸せな雰囲気を醸し出している。これらイメージそれ自体が発している意味は明らかである。

　図に付されている文字情報にも注目してみよう。どのような文字表現と一緒に提示されているかということは，〈オーディエンス〉という場において注目

すべき点である。図 2 はゴールデンウィーク期間の外出自粛を呼びかけるものであるので，当然のことながら，「ステイホーム」が要請された期間が大きく明示されている。同時に，「いのち」「ウチ」と仮名で表記されていることにも注意を払いたい。「ホーム」が「いのち」を守ることのできる安全な場所であるということに加え，添えられた仮名書きの表現も柔らかな雰囲気を作り出している。

これらイラストが，どのような社会的文脈の中で作成され流通したのかということにも留意すべきである。このとき注目するのは，〈制作〉の場，〈オーディエンス〉の場，〈流通〉の場である。図 2 と図 3 は，いずれも，コロナ禍で制作されたものであるが，制作にかかわった者や機関，その目的は異なっている。また，図 3 の場合，無料で提供された素材であり，インターネット上で，特に，商品やサービスの販売のために，さまざまな主体が利用している。「巣ごもり」需要を喚起するために流用され使用されたイメージともいえよう。

3-3. ホームの地理学

ホームの地理学の視点から，図 2，図 3 で示した視覚表現について詳細に検討してみよう。ホームとは，建築物としての住まいだけを意味しているのではない。同時に，家族の集まりや家族が生活を共有する場としての家庭と完全に重なり合うものでもない。ホームとは，家庭的な日常生活の生きた経験を含む場所である。具体的であると同時に抽象的なものであり，また，人が実際に生活する物質的な場所であると同時に，心地よいと感じるような感情的な場所でもある（福田 2008）。人の心にも深くかかわるホームへの関心は，地理学において人文主義的アプローチ[4] が展開されるようになるにつれて，高まっていった。個人および地域社会の一員としてのアイデンティティの基礎として，また，生ける物のすみかとしての場所（レルフ 1991）とホームは位置付けられた。人間存在の中心としての重要性が強調されたのである。「ステイホーム」における表現にも，このようなホームの位置づけを見出すことができる。すなわち，親密で安全な場所として，幸せな雰囲気をともなって表現されていたのである。

人間存在とかかわるような場所の表現としてホームが描き出されているの

であれば，「ステイホーム」が要請された時，
なぜ，ホームの視覚表現が批判の対象となった
のだろうか。そのことを考えるためには，2000
年前後からフェミニズムの影響を受け，ホーム
という場所に向き合ってきた一連の研究—ホー
ムの地理学—に目を向ける必要がある [5]。ホー
ムの批判的地理学研究では，長らく，研究の
中心に位置づけられてこなかった家庭空間やホー
ムに光にあて，その重要性が主張された。そ
の際，人文主義的アプローチと異なり，ホーム

ホーム	仕事場
女性的	男性的
私的	公的
家庭的	市民的・公民的
感情	理性
再生産	生産
伝統	近代性
ローカル	グローバル
静止	変革

図 4　ホームの二元論的理解
Blunt & Dowling (2006) Table1.2 を
訳出

を，公的なものから隔絶されたものではなく，政治的なものと位置付けてい
ることが特徴としてあげられる。ホームについての二元論的理解（図 4）を前
提として受け入れるのではなく，そのような構造を疑問視し，それを覆（くつがえ）そう
という思考が展開されたのである。図の左側に位置づけられ表現されたホーム
は，どのような文化的社会的政治的文脈の中で形成され，「自然なもの」とし
て流布するようになったのか。さらに，右側を代表するような組織や権力が，
どのように左側に描かれたホームの領域に介入しているか。このような課題に
向き合っていったのである。
　ホームの二元論的理解に異議申し立てし，ホームを問い直すことは，「ステ
イホーム」下で起こっていたさまざまな現象を解き明かすことにもつながって
いく。「ステイホーム」という要請がなされた社会的プロセスに注目し，親密
な関係を当たり前の者として前面に押し出したホームの表現を批判的に考察す
ることにより，公私の単純な二元論の片側にホームを押し込めるような思考や
社会のあり様が解明されていくのである。「ステイホーム」が要請されたとき，
ホームはどのような人間関係を前提としたものであったのか，ホームを安全で
快適な場所として維持するために何が必要とされるのか，そういったホームを
成り立たせるためにステレオタイプ化されたジェンダー役割が強制されていな
かったか，ホームから逃げ出したいという欲望はどのような形で顕在化したの
か [6]，そして，感染予防という目的のために国家や行政はどのようにホーム
を利用していたか。それら問題は，「ステイホーム」という特殊な事情が生み

62

出したものではなく，元来から，ホームに付与されていた社会的意味に内在していたものなのである。それら問題は「ステイホーム」に関する視覚表現からも考察することができるのである。

（福田珠己）

［注］
1) 電子看板．デジタル技術を活用して平面ディスプレイやプロジェクタなどによって映像や文字を表示する情報・広告媒体のこと．
2) 『現代思想』の特集「家政学の思想」（50 巻 2 号，2022 年）にも「ステイホーム」に関連した研究が含まれる．また，倉光（2021）も，人文地理学の立場から「ステイホーム」という現象について論じている．
3) このような性別役割分業に基づく表現は，英国政府が公式 facebook に掲載した広告"STAY HOME, SAVE LIVES"に対しても批判があったことから，日本社会特有の問題ではないことも留意すべきであろう．
4) 1960 年代後半から 1970 年代にかけて勃興した人間性を中心に据えたアプローチのことで，humanistic geography（人文主義地理学，あるいは，人間主義地理学）と称される．エドワード・レルフやイーフー・トゥアンらの著作の多くは日本語にも翻訳されている．
5) アリソン・ブラントとロビン・ダウリングによる著書 *Home* は，この動向を学ぶ上で重要な文献で，2022 年に発行された第 2 版では，新型コロナウイルス感染症が流行した社会状況も踏まえた議論もなされている（Blunt and Dowling 2006, 2022）．
6) 逃げ場の希求という点について，大城（2020）の論文も参照のこと．

［引用文献］
麻生 将・長谷川奨悟・網島 聖 2019．人文地理学研究における視覚資料利用の基礎的研究－絵画・写真の構図に着目して．空間・社会・地理思想（22）：77-89.
大城直樹 2020．居場所と逃げ場－地理学から見た新型コロナウイルス．建築討論（47）https://medium.com/kenchikutouronm（2022 年 3 月 31 日最終閲覧）
小ヶ谷千穂．2020．移動から考える「ホーム」－画一的な「ステイ・ホーム」言説を乗り越えるために．現代思想 48（10）：89-95.
倉光ミナ子 2021．COVID-19 と「ホーム」－フェミニスト地理学の視点から．ジェンダー研究（お茶の水女子大学ジェンダー研究所年報）（24）：67-74.
小林美香 2021．脱毛広告観察－脱毛・美容広告から読み解くジェンダー，人種，身体規範．現代思想 49（13）：90-106.
小林美香 2023．『ジェンダー目線の広告観察』現代書館.
瀬地山角 2021．『炎上 CM でよみとくジェンダー論』光文社新書.
福田珠己 2008．「ホーム」の地理学をめぐる最近の展開とその可能性－文化地理学の視点から．人文地理 60：403-422.

レルフ，E. 著，高野岳彦・阿部 隆・石山美也子訳　1991．『場所の現象学』筑摩書房.
　Relph.E. 1976. *Place and placelessness*. London: Pion.
ローズ，G. 著，吉田容子ほか訳 2001.『フェミニズムと地理学－地理学的知の限界』
　地人書房.Rose.G. 1993. *Feminism and geography: The limits of geographical knowledge*.
　Cambridge: Polity Press.
Blunt, A. and Dowling, R. 2006. *Home*. London: Routledge.
Blunt, A. and Dowling, R. 2022. *Home (Second Edition)*. London: Routledge.
Rose,G. 2016. *Visual methodologies: An introduction to researching with visual materials (4th
　edition)*. London: SAGE.

［文献案内］
■瀬地山角 2021．『炎上 CM でよみとくジェンダー論』光文社新書.
　ジェンダー論の視点から批判受けた CM について考察されている．炎上 CM だけ
　でなくその領域での問題をクリアした CM にも注目して図式化されているところ
　も興味深い.
■『現代思想』48（10）特集「コロナと暮らし」（2020 年）
　2020 年，新型コロナウイルス感染症が日本社会に激震を与えた時，人々の暮ら
　しや日常はどのように変容したのか．家族やホーム，労働の現場などの実態から
　明らかにされている.
■『現代思想』50（2）特集「家政学の思想」（2022 年）
　コロナ禍で問い直されたホームや暮らし，それをめぐる諸制度－この特集号で
　は，家庭や家政，家庭科教育，ケアの論理などに焦点をあてて論じられている.
　ホームを考える視野を広げるために手にとっていただきたい.

［学習課題］
「本章を参考に考えてみよう！」
　「ステイホーム」が要請された時，あなたはどのような経験をしただろうか．ホー
　ムの二元論的理解と照らし合わせながら，ふりかえってみよう.
「興味を持った人はさらに調べてみよう！」
　さまざまなメディアで表現されているホームのイメージについて，具体的な事例
　を探してみよう．そして，この章で学んだ分析の枠組み（Rose 2016）に基づい
　て考察しよう.

第6章　ジェンダー化された空間の生産
－寄せ場・釜ヶ崎はどのようにして形成されたのか－

　本章では，日本最大の寄せ場・ドヤ街として知られる釜ヶ崎に焦点をあわせることで，「空間の生産」という視点からジェンダーの地理学を考えたい。釜ヶ崎では，貧困や差別が集中的に見出されるだけでなく，住民の多数を男性が占めている。そのような地域の特性は，なぜ生み出されたのだろうか。この問いを考えるうえで重要なのは，釜ヶ崎という地域が形成された過程を紐解くことである。そのことによって私たちは，この地域を生み出した政治的・経済的な力を読み解くことができるだろう。

1. 本章の問い

1-1. 「空間の生産」とジェンダー

　1970年代にフランスの思想家のアンリ・ルフェーヴル（2000）が唱えた「空間の生産」という議論は，地理学に大きな影響を与えた。たとえばマルクス主義地理学者のデヴィッド・ハーヴェイは，ともすれば抽象的になりがちなルフェーヴルの議論を独自に練り上げることで，新しい地理学の議論や概念を生み出した（ハーヴェイ 1989-1990, 1991）。また，社会・文化地理学は，とくに1990年代以降にルフェーヴルの議論を積極的に吸収することで，ジェンダーやフェミニズムの地理学を論じるための可能性を開いた。

　ルフェーヴルの「空間の生産」論が与えた影響は多岐にわたり，その全体を概説することは難しい。ここでは，その議論の要点をかいつまんで説明しておこう。「空間が生産される」というとき，重要なポイントは，空間を固定したものと捉えるのではなく，創造と破壊とを絶えず繰り返すような「過程」と捉えることである。また，ルフェーヴルの思想の中心には，労働者や生活者の搾取や自然の収奪を追い求める資本主義のシステムが，その目的に適った空間をつくり替えようとしている，という問題意識がある。したがって「空間の生産」

論が問題とする「過程」とは，なにより資本主義に固有の経済的な過程である。

　だが同時に，ルフェーヴルが強調するように，それは都市のありようや生活の様式を全般的に塗り替えるような過程でもある。だから「生産」されるのは物的な景観だけではない。人びとの日常を取り巻く場所イメージや社会規範といった，非物質的なものもつくり出されるのだ（ルフェーブル 2000）。そして，そのような「空間の生産」過程は，都市生活にジェンダーの規範を刻み込むとともに，ジェンダー化された空間を生み出していく。

　本章では，このような議論を念頭に置きながら，「寄せ場」や「ドヤ街」として知られる釜ヶ崎の戦後史を考察する。日雇い労働者の街である釜ヶ崎は，その人口の大部分を単身男性が占め，きわめてジェンダー化された空間である。なぜ，そのような空間が生み出されたのかを問い，その形成過程をていねいに読み解くことで，ジェンダーの規範と資本主義の力との絡み合いを具体的に示すことができるだろう。

1-2.　釜ヶ崎の建造環境－ドヤ街と日雇労働市場－

　議論を始める前に，釜ヶ崎とはいかなる地域なのかを述べておこう。水内ほか（2008）が「インナーリング」と名づけたように，大阪においては JR 大阪環状線に沿うようにマイノリティや貧しい労働者のコミュニティが広がり，それぞれのコミュニティが独特の雰囲気をつくりだしている。大阪市西成区の北東部，環状線の新今宮駅の南側にひろがる「釜ヶ崎」は，そのようなインナーリングのコミュニティの 1 つである（図 1）。

　環状線の駅を降りると，すぐ目の前にコンクリート造りの建築物が建っている（写真 1）。この施設は「あいりん総合センター」と呼ばれ，1970 年に建設されて以降，早朝に労働者が仕事を探す日雇労働市場として機能してきた。現在このセンターは閉鎖され，出入りできぬようシャッターで封じられている。

　また，街中を歩くと，「ホテル」の看板を掲げた建物がたくさん立地していることにも気づく。これらのホテルは，旅館業法では「簡易宿所」と定められる，安価な宿泊施設である。宿泊施設ではあるけれど，この街の労働者にとって日払いの住まいとして利用されてきた。これらの宿を，労働者は愛着を込めて「ドヤ」と呼ぶ。労働者の街として活気を帯びていた 1960 年代には 200 軒

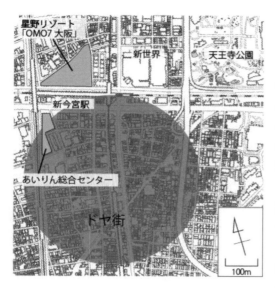

図1　釜ヶ崎とその周辺
（地理院地図 Vector をもとに作成）

写真1　あいりん総合センター
（2013年，筆者撮影）

以上のドヤが立地していた。だが，過去20年のあいだにドヤは減少し，生活保護を受給しながら暮らす「福祉アパート」や，国内外のバックパッカー向けの安宿へと転換された（稲田 2011；松村 2011）。近年では，後述するジェントリフィケーションの動きのなかで，より高値のホテルが進出している。このように急激に変化しつつあるとはいえ，あいりん総合センターやドヤの建物は，現在でも地域のもっとも特徴的な景観である。

1-3. 地名と場所のイメージ

　釜ヶ崎に関しては，上記のような物的環境だけでなく，場所イメージについても述べておかねばならない。現在でも世間で流通する釜ヶ崎の語り口には，「こわいところ」や「ガラが悪い場所」といったイメージがつきまといがちである。そのことが示すように，釜ヶ崎は，社会からの偏見や差別にさらされてきた。そのような場所イメージの政治を端的に表わすのが，この地域に対して付与された地名の複数性である。この地域は「釜ヶ崎」のほかにもいくつもの地名をもち，しかもそれぞれの地名は決して中立的なものではない。「中立的ではない」というのは，どの地名を選び取るかによって，どのような立場から，どのような

姿勢で，この地域に向き合うのかが問われるからである。労働者は，自分たち
の街を「釜ヶ崎」や「ニシナリ」[1] と呼ぶ。だから「釜ヶ崎」という地名を選
び取る行為は，労働者の生きられた経験や，労働者街としての伝統を重んじる
意志の表れとなる。

　他方で，この地域は「あいりん（愛隣）」と呼ばれることもある。この街に
生活する労働者が「あいりん」を用いないのに対し，行政の文書などはこの地
域を「あいりん地域」と呼ぶのが常であり，新聞などの記事でも，「あいりん
地域（通称，釜ヶ崎）」などと表記されることが多い。したがって「あいりん」
と呼ぶことは，行政的な立場にたつことを意味する。

　最後に，近年の新たな動向についても触れておこう。とくに 2010 年代以降
は，「釜ヶ崎」や「あいりん」にかわって「新今宮」という呼称が用いられる
ようになり，しかもこの呼称の使用は急激に増えつつある。この呼び名の台頭
は，後述するように，近年の街の急激な変化，とりわけ「ジェントリフィケー
ション」と深いかかわりをもっている。

　いったいなぜ，さほど広いとはいえない地域に，いくつもの地名が与えられ
ているのか。そのような地名の創出は，じつのところ，上に述べたような建造
環境の「生産」と深くかかわっているのである。

2.　「寄せ場」はいかにして生み出されたか

2-1.　写真が語る釜ヶ崎の変容

　長年のあいだ釜ヶ崎は，建設業や港湾運送業といった産業に従事する日雇い
労働者の街であり，ドヤに寝泊まりする住民の大部分は単身男性の労働者であ
った。後述するように，1990 年代以降に長期的かつ大規模な失業がつづき多
くの労働者が職を失うことで，現役の労働者よりも生活保護を受給する労働者
が次第に増加し，稲田（2011）が述べるように，2000 年代には「労働者の街」
というより「福祉の街」という表現がふさわしい状況へと変化していった。だ
が現在でも，住民の多くが男性であることに変わりはない。

　とはいえ，釜ヶ崎のドヤ街の住民が，その成立の当初[2] から単身男性に特
化していたわけではなかった。写真記録を手がかりとして，かつての釜ヶ崎の

写真2　釜ヶ崎の景観の変化（a（左）1966 年，b（右）1994 年）
出典：中島編（2018）

日常風景を確認してみよう。

　釜ヶ崎のドヤ街には，労働者だけでなく，たくさんの活動家や実践者が住み，労働者の視点からの表現や記録を生み出してきた。写真家・中島　敏は，そのような生活者・表現者のひとりである。中島は，1960 年代末から釜ヶ崎のドヤ街に住まい，労働者として暮らしながら，変わりゆく街の光景を記録しつづけ，1999 年にはすぐれて地理学的な『定点観測・釜ヶ崎』を，志を同じくする活動家・支援者とともに刊行した。それ以後も中島氏はこの試みを継続し，2018 年には増補版を刊行している [3]。

　上の 2 枚の写真は，1966 年に撮られたもの（写真 2a）と，1994 の時点で同じ場所・同じアングルから撮影したもの（写真 2b）である。このように時代の異なる写真を比較することによって，中島は，釜ヶ崎の歴史的な変容を捉えようとしたのだった。2 枚の写真に映された建物のほとんどはドヤであるが，1960 年代と 90 年代とでは，ドヤの景観は大きく変わっていることを確認することができる。かつて木造二階建てが主流だったドヤは，90 年代には鉄筋コンクリート造のビルへと変わっているのだ。

　次に，もう 1 つの写真をみてみよう。写真 3 は，1950 年代末から 60 年代初頭にかけて釜ヶ崎の調査を実施した社会学者 [4] が記録したものであり，そこには街中であそぶ子どもの姿が映し出されている。この写真だけでなく，かれら社会学者が記録した当時の写真には，子どもの姿がいくつも見出される。この当時の釜ヶ崎には，それだけたくさんの家族や子どもが住んでいたわけである。具体的には，1959 年から 60 年にかけて実施された調査によると，釜ヶ崎

の人口の男女比は男性が 48.2 ％に対
し女性が 51.8 ％で，女性の方が多か
った。また年齢構成でみると，全体
のうち 15 才未満の児童・幼児が 18
％を占めていた（大阪社会学研究会
1961 : 77）。

　これらの写真記録から，次のよう
に考えられるだろう。まず，1960 年
代以降に，釜ヶ崎に住まう労働者人

写真 3　1950 年代末〜 60 年代初頭の釜ヶ崎の
　　　光景（中村祥一氏提供）

口が増加したことがわかる。なぜなら，木造二階建てから鉄筋コンクリート・
ビルへのドヤの立体化は，宿泊者の増加を示すからである。また，釜ヶ崎とは
貧しい人びとが住まう地域であることに変わりはない。けれども，その住人の
内実は様変わりしていった。つまり，1960 年代にたくさんいた家族や子ども
の姿は失われ，かわって単身男性の空間の住まう空間へと変わっていったので
ある。こうして釜ヶ崎は，ジェンダー化された周辺的空間となっていった。

　1970 年代になると，釜ヶ崎の街は（「ドヤ街」だけでなく）「寄せ場」と
いう言葉で呼ばれるようになった。街の全体が「寄せ場」と呼ばれるようにな
ったことは，この街が日雇い労働者の街へと塗り替えられた事実を反映してい
る。なぜそのような変化が起こされたのだろうか。

2-2. 家族と子どもの保護

　釜ヶ崎の景観が大きく変容するきっかけとなったのは，1961 年 8 月 1 日に
起った釜ヶ崎暴動である。この日，ひとりの労働者がタクシーに轢き殺され
た。警察官が事故現場に駆けつけたものの，かれらは路上に横たわる労働者
を放置したまま現場を立ち去ってしまった。この差別的処遇に対する怒りは
瞬く間に釜ヶ崎の街中に広がり，以後 5 日間にわたる暴動が起こされたのだ
った [5]。この暴動は，当時普及しつつあったテレビを通じて全国に報じられ，
「社会問題」へと発展していった。この暴動を受けて，大阪市と大阪府，そ
して日本政府は，釜ヶ崎を対象とした一連の対策を始動させた。これらの対
策は，詳細にみれば多様な企図が錯綜しているのだが，大局的にみればおお

むね2つの方針に導かれていた。

　第1に，釜ヶ崎に住まう子どもや家族に焦点が合わせられ，かれらの生活を向上させることが目標とされた [6]。すなわち，当時の釜ヶ崎に住まう多様な住人のなかでも，子どもと家族が「救われるべき」対象として把握されたのである。そのような把握は，西澤（1995）が東京のドヤ街・山谷を事例として論証したように，子どもを保護されるべき存在とみなす家父長制の規範に裏打ちされたものだった [7]。

　重要なのは，このような子どもや家族の「救済」が，かれらを釜ヶ崎から移転させる方針にもとづいて遂行されたことである。具体的には，家族をもつ労働者に対して「あいりん寮」「今池生活館」という家族寮が建設された。これらの家族寮には1年半の期限があり，期限内には内職や学習指導のような訓練が施され，退去後には釜ヶ崎地域以外の公営住宅があっせんされた。すなわちこれらの家族寮は，釜ヶ崎から家族を分散させるための装置にほかならなかった。

　このように家族を地域外へと移転させる方針の背景には，「暴動」にまつわる場所イメージの問題が見いだされる。上述した経緯により起こされた暴動は，マスメディアの関心を大いにひきつけ，全国各地の映画館のスクリーンや，当時急速に普及しつつあったテレビの画面をつうじて報じられた。それらの報道は，暴動のもっとも劇的なシーンを切り取り，煽情的なナレーションによって「無法地帯」のイメージを構成した。しかもこの出来事には，「釜ヶ崎暴動」や「西成暴動」と報じられ，これらの地名には暴動のイメージが刻み込まれた。1966年には，大阪市・大阪府はこの地域を「あいりん地区」と命名した。労働者にはなじみのない「あいりん」という地名を「上から」付与することで，「釜ヶ崎」のイメージを消し去ろうとしたのである。

　かくして釜ヶ崎は，「暴動」によって象徴されるような場所イメージが付与された。そうであったがため，子どもを「保護する」には釜ヶ崎という環境から引き離すべきとする判断がなされたわけだ。子どもたちにとってなじみでの土地でかれらの生活を支えるという手段もありえただろうが，そのような選択肢は端から否定されてしまった。そして，子どもや家族を地域外へと移転させることにより，かれらの姿は釜ヶ崎から失われていったのである。

2-3. 単身男性労働者の流入と活用

　だが，以上は釜ヶ崎の変容の半面にすぎない。もし採られた対策が特定の住人の移転のみだったなら，釜ヶ崎の人口は減少へと向かったはずである。ところが，写真 2 および写真 3 の記録から確認したように，同じ時期にドヤはいっせいに建替えられ，そこに住まう人口は増加していったのである。その背景に，いかなる力が働いていたのだろうか。

　1960 年代は，高度経済成長期の只中にあり，建設業や港湾運送業，製造業などの基幹産業は安価な労働力を求めていた。たとえば港湾運送業では，第 1 次暴動が起きた 1960 年代初頭には，すでに釜ヶ崎の日雇い労働力が港に押し寄せる輸入品を荷揚げするのに必要不可欠な存在となっていた。このような事情は，1960 年代後半になるといっそう切迫したものとなった。なかでも 1970 年日本万国博覧会が開催されることが決定されるにおよび，広大な博覧会場の建設や，万博に関連する都市改造工事を担いうる大量の労働者を確保する必要に迫られた。そのような状況は，以下のように，当時の労働大臣の答弁[8]のなかにはっきりと表明されている。

　　　しかし，万国博を控えまして，断然愛隣地区の方々の労働力というものを大いに活用しなければならぬことはもう明らかでありますし，これにつきましては，私はあそこの方々が労働者として非常に秩序がないとは思っておりません。非常にいい労働者だと思っております。したがって，今回の事件〔第一二次暴動〕と直接結びつけて，愛隣地区の労働者は非常に無秩序だということは私は考えないわけでございまして，万国博は，当然土建業者も，宿舎施設あるいは働く場へのバスとか交通機関をどうするとか，今後の問題にいたしまして，この労働力というものが秩序あるりっぱな労働力として活用されることを指導してまいりたいと思います。

　「秩序あるりっぱな労働力として活用」したいとする言葉が物語るように，日本政府は釜ヶ崎のドヤ街を労働力のプールとして整備することで，全国各地の農山村から流れ入る単身男性の若者の労働者を寄せ集めようとしたのであった。このような労働力確保の政策の集大成というべき施設が，1970 年に日本政府の手によって建設された「あいりん総合センター」である。この巨大施設

の建設は，釜ヶ崎を「日雇労働者の街」とする方向性を決定的なものとしたのである。

　このような労働力をめぐる政策によって，万博は「成功」を収めた。が，その後の釜ヶ崎はどうなっただろうか。「あいりん総合センター」の開設により労働者の権利を保障するための制度が施されたものの，求人業者や手配師が介在し，ピンハネが横行する状況は温存された。労働現場においては，釜ヶ崎の労働者はもっとも過酷で危険な仕事を割り当てられ，かれらの身体は蝕まれつづけた。それゆえに，1970年代以降も暴動は起こりつづけたのである。また，かれらの雇用は不安定でありつづけ，失業したならばすぐさま宿代を賄えなくなり，路上や公園での野宿生活を強いられる状況に陥った。

　こうして，暴力的な労働力の搾取を特徴とする労働市場の構造を温存させたまま，大量の単身男性の労働者が寄せ集められ，釜ヶ崎は戦後資本主義の矛盾を凝縮させた地となったのである。

3. ジェントリフィケーションという問い

3-1. 使い捨てられる街

　以上の経緯を経て，釜ヶ崎は単身男性労働者が集中する地域へと変容した。ジェンダー化された空間としての寄せ場・釜ヶ崎は，こうして形成されたのだった。その形成過程に見出される点として，以下の知見を強調しておこう。第1に，釜ヶ崎とは決して自然発生的に生み出されたのではなく，基幹産業の求めに応じた政策によって生み出されたこと。言い換えれば，釜ヶ崎という地域は，資本主義に特有の政治的・経済的な力によって生み出されたのである。第2に，釜ヶ崎の労働者は社会にとって必要不可欠でありながら，社会から差別されつづけたこと。このような差別ゆえに，釜ヶ崎の労働者をめぐる諸問題や矛盾は，その後も放置されつづけた。

　だが，ひとたび土地に植えつけられた矛盾は，根本的に解決されないかぎり，いつの日かより深刻なかたちで露見することになる。1990年代に入ると，いわゆる「バブル崩壊」を引き金とする長期不況の局面に入り，かつて高度経済成長を支え，その犠牲になった労働者たちの多くが，仕事を奪われ恒常的な

失業状態においやられた。さらに，おなじ 90 年代以降に急速に発展した情報技術は，寄せ場のような旧来の労働市場の存立基盤を掘り崩していった。現在となっては，ほとんどの若者にとってケータイ（スマートフォン）は必需品と化している。求人業者や手配師からすれば，わざわざ釜ヶ崎のような労働市場に足を運ばなくとも，労働者ひとりひとりが所持するケータイをつうじて労働力をかき集めることができる。こうして旧来の日雇い労働市場は，重要性を低下させた。

3-2.　「ジェントリフィケーション」という問い

　こうして 90 年代以降，釜ヶ崎の労働市場は，いくつかの例外の年をのぞいて，ひたすら縮小していった。かつてエネルギーにあふれていた労働者たちは，長引く不況と高齢化によって困窮化させられた。そうして地域から労働者の力が奪われた末の現在，釜ヶ崎にはジェントリフィケーションの波が襲いかかろうとしている。

　ジェントリフィケーションとは，きわめて現代的な「空間の生産」過程である。ニール・スミス（2014）が論じたように，その過程を駆動させているのは，不動産資本や金融資本といった主体であり，また，政府や自治体といった公的機関である。不動産資本は，開発したならば高い利潤が得られる土地としてインナーシティに目をつける。というのは，それらの地域は長年にわたり資本から見放されていたがために，土地や家屋は老朽化するに任せた状態がつづき，したがって安値で取得することができるからだ。

　だが，釜ヶ崎がずっとそうだったように，それらインナーシティの住宅は，安価であるがゆえに貧しい労働者の住まいとなり，差別や貧困にあえぎながらも，そこに長い時間をかけてコミュニティが形成されてきた。ジェントリフィケーションは，都市研究のなかでもっとも激しく論争が繰り広げられた主題である。というのもその評価には，「立ち退き」や「追い出し」といった現実をどう受け止めるか，という問題が賭けられているからだ。

　釜ヶ崎においては，新今宮駅北側の広々とした市有地が売却され，2022 年 4 月には星野リゾートが運営する高級ホテルが新たに建設された。他方で，労働者街を象徴する建物だったあいりん総合センターは 2019 年 4 月に閉鎖され，

出入りできぬよう鉄扉のシャッターが溶接されている。新今宮駅を挟んで，あいりん総合センターの建物と，高級ホテルの景観とが対峙する光景は，ジェントリフィケーションの矛盾を象徴している。過去数年のあいだに釜ヶ崎では野宿生活者への暴力的な立ち退きや，かれらを支援する活動家への弾圧が相次いで起こされてきた。それでもなお，閉鎖されたセンターのそばには「団結小屋」が築かれ，そこを拠点とした共同炊事や寄り合いなどの実践が，いまもつづけられている。

3-3. 資本主義とジェンダー

　ジェントリフィケーションを肯定する言説は，しばしばそれが地域に「多様性」をもたらすことを謳う。釜ヶ崎について考えるならば住民の圧倒的多数は単身男性の労働者であることから，「偏った」地域であることが問題視されることも多い。「多様性」の名のもとに，子どもや女性，家族にとって住みやすい街にしようという声は，説得的にきこえるもしれない。だが，多様性を促進すると語られるジェントリフィケーションの過程は，旧来の住民を不安にさらし，やがては暴力的な立ち退きを引き起こしてしまう。この現実に向き合うために，どのような思考の筋道が考えられるだろうか。

　本章で述べた経緯を踏まえるとき，少なくとも以下のことを考えねばならないはずだ。1960年代には，釜ヶ崎は貧しい住民の住処であったが，その住民が単身男性に特化されていたわけではなかった。子どもや家族の姿が日常的であった「多様な」地域の光景は，高度経済成長や都市開発を求める産業の要請にしたがう空間変容の過程のなかで，失われたのである。もし「偏り」が問題であるとするなら，私たちは，そこにいたるまでの過程を検証し，その背後にあるものを問題化しなければならないはずだ。

　このような議論が提示する重要な知見とは，都市空間の生産過程のなかでは，資本主義の力とジェンダーとが深く絡まっていることである。資本主義の問題への洞察なくしてジェンダーを論じることはできないし，ジェンダーの視点を欠いて資本主義の力を読み解くことはできないだろう。おそらく私たちに必要なのは，どちらか一方の議論を選択することではなく，どちらともを手放すことなく現実と向き合い，考えていくことである。　　　　　（原口　剛）

［注］

1)　「ニシナリ」というのは，この地域が「西成区」の北東部に位置することに由来する．ただし，「西成」のすべてが「釜ヶ崎」であるかのように，イメージが独り歩きすることが地域内の分断の一因となってきたことには注意しておきたい（水内ほか2002）．

2)　ドヤ街としての釜ヶ崎のはじまりは，20世紀の初頭にさかのぼる．ドヤ街の前史である「木賃宿街」は，江戸時代には大阪の日本橋筋沿いの「長町（名護町）」に位置していた．明治時代に入り，コレラ流行における防疫を目的とした隔離・排除や，第5回内国博覧会開催（1903）などを背景とする一連の都市開発によって，長町の木賃宿街は解体され，当時はまだ大阪市外であった釜ヶ崎界隈の土地へと移転された（加藤2002）．

3)　中島のこのほかの作品集として『ドヤ街 釜ヶ崎』晩聲社（1986年），『単身生活者』海風社（1990年），『定点観測 釜ヶ崎』葉文館出版（1999年）がある．

4)　大阪社会学研究会によってなされたこの調査は，戦後初となる釜ヶ崎に対する本格的な社会調査であった．また，調査期間中の1961年8月に第1次暴動が勃発したことから，暴動後に展開した大阪府市の対策にも大きな影響を及ぼした（原口2016）．

5)　この経緯を，西成警察署の資料は次のように記している．「日雇労働者（老人）がタクシーにはねられて即死した事案で，救急車が死体搬送に手間取ったことから，付近の労働者がい集し，「見殺しにした」などと騒ぎ出し，一部暴徒化して東田派出所，商店，通行車両，本署などを襲撃して放火，投石等を敢行した」（西成警察署防犯コーナー1991：44）．

6)　また，住み慣れた釜ヶ崎から離れた土地で暮らすことが必ずしも当該の家族にとって望ましかったことではなく，退去先の土地での生活に耐えかねて釜ヶ崎に戻って来た者たちもいたのだという（小柳1978）．

7)　ここで家父長制というのは，男性が賃労働者を担い，女性が家事や育児などの再生産労働を担うという性別役割分業を自明の前提とした社会の規範を指す．日本の福祉制度においては，性別によって異なる運用がなされる場合が多い．具体的には，男性に対して「稼働能力の有無」，つまり労働力として使えるかどうかが問題とされるのに対し，女性には「家庭的であること」や「母親らしさ」といった社会通念にどれほど適合しているかが問題とされる．釜ヶ崎・山谷対策において女性や家族・子どもが優先的な救済の対象とされたのも，このような規範を反映してのことだと考えられる．ただし，このことは「男性より女性が優遇されていること」を意味するのではなく，むしろ「賃労働を担う男性に女性が従属させられている」社会のありようを示している（丸山2021）．

8)　「昭和四二年六月六日第五五回衆議院社会労働委員会」

［引用文献］

稲田七海 2011．変わりゆくまちと福祉の揺らぎ．原口 剛・稲田七海・白波瀬達也・平川隆啓編『釜ヶ崎のススメ』319-344．洛北出版．

大阪社会学研究会 1961．釜ヶ崎の実態（上）．都市問題研究 13（5）：73-91.

加藤政洋 2002．『大阪のスラムと盛り場－近代都市と場所の系譜学』創元社.

小柳伸顕 1978．『教育以前－あいりん小中学校物語』田畑書店.

スミス，N. 著，原口 剛訳 2014.『ジェントリフィケーションと報復都市－新たなる都市のフロンティア』ミネルヴァ書房．Smith, N. 1996. *The new urban frontier: Gentrification and the revanchist city*, London: Blackwell.

中島敏編 2018．『定点観測・釜ヶ崎（増補版）』東方出版.

西澤晃彦 1995．『隠蔽された外部－都市下層のエスノグラフィー』彩流社.

西成警察署防犯コーナー編集委員会 1991．『あいりんの三〇年史』.

ハーヴェイ，D. 著，松石勝彦・水岡不二雄訳 1989-1990.『空間編成の経済理論－資本の限界（上・下）』大明堂．Harvey, D. 1982. *The Limits to capital*, University of Chicago Press.

ハーヴェイ，D. 著，水岡不二雄監訳 1991.『都市の資本論－都市空間形成の歴史と理論』青木書店．Harvey, D. 1985. *The urbanization of capital: Studies in the history and theory of capitalist urbanization*, John Hopkins University Press.

原口 剛 2016．『叫びの都市－寄せ場，流動的下層労働者，釜ヶ崎』洛北出版.

松村嘉久 2011．外国人旅行者が集い憩うまち　釜ヶ崎へ．原口 剛・稲田七海・白波瀬達也・平川隆啓編『釜ヶ崎のススメ』345-369．洛北出版.

丸山里美 2021．『女性ホームレスとして生きる－貧困と排除の社会学〔増補新装版〕』世界思想社.

水内俊雄・福原宏幸・花野孝史・若松 司・原口 剛 2002．西成差別の実態とインナーシティにおけるまちづくり－大阪市西成区を事例として．空間・社会・地理思想 7：17-37.

水内俊雄・加藤政洋・大城直樹 2008．『モダン都市の系譜－地図から読み解く社会と空間』ナカニシヤ出版.

ルフェーブル，H. 著，斎藤日出治訳 2000．『空間の生産』青木書店．Lefebvre, H. 1974. *La production de l'espace*. Paris: Anthropos.

［文献案内］

■スミス，N. 著，原口 剛訳 2014.『ジェントリフィケーションと報復都市－新たなる都市のフロンティア』ミネルヴァ書房.
　ニール・スミスによる，ジェントリフィケーション研究の代表的な研究．決してかんたんな内容ではないけれど，苦労して読み終えたなら，これまでとはまったく違った見方で都市を考えることができるようになるだろう.

■原口 剛 2016.『叫びの都市－寄せ場，流動的下層労働者，釜ヶ崎』洛北出版.
　釜ヶ崎をフィールドとする本章筆者の研究をまとめた一冊．本章で提示した「空間の生産」という視点から，戦後の釜ヶ崎の形成を捉えなおすことを目指した．読みやすい文体で書いたので，ぜひ手に取ってほしい.

■丸山里美 2021.『女性ホームレスとして生きる－貧困と排除の社会学〔増補新装

版）』世界思想社.
　「ホームレス」といっても，男性と女性とでは，その経験はまったく異なる．本書は，これまでの研究では見過ごされてきた「女性ホームレス」に光を当てた，画期的な研究である．

［学習課題］
「本章を参考に考えてみよう！」
　本章の筆者は，他の研究者らとともに，中島 敏氏による写真群を画像化し，アーカイブとしてウェブ上にて公開している（「中島 敏フォトアーカイブ」https://project.log.osaka/nakajima/　2023 年 12 月 18 日最終閲覧）．これらの写真を手がかりに，釜ヶ崎の労働者の労働や生活，街の変化について考えてみよう．
「興味をもった人はさらに考えてみよう！」
　さまざまな土地でのジェントリフィケーションの事例を調べ，釜ヶ崎の事例との共通性や違いを考えてみよう．

第7章　政治権力とセクシュアリティ
－都市空間における売春街の形成－

　本章では，日本において売春街がどのように形成されてきたのかを，政治権力（国家・自治体・組織あるいは個人など権力をもつ主体による支配や影響力）とセクシュアリティの観点から学ぶ。売春街をみる場合，身体の売買に関心が向けられることが多いが，決して政治権力の存在を抜きに議論することはできない。まず学習の第一段階として，近世江戸期や明治以降の都市空間における遊廓の設置・配置を，当時の政治権力との関わりのなかで把握する。次に，敗戦後，連合国軍が進駐する地区周辺に売春街が形成された経緯に着目し，都市空間において作用し影響を及ぼす政治権力の存在を，ジェンダーやセクシュアリティの視点から捉える。

1．都市空間における遊廓の配置

1-1．城下町の空間構造

　近世江戸期の城下町は明確な空間パターンをもっていた。図1は和州郡山藩の城下町（奈良県大和郡山市のあたり）を復原したものである。城（天守閣，二の丸，三の丸など）を築いて内堀や中堀をめぐらし，城の近くには上級家臣の屋敷を集めてその周囲に中・下級家臣の屋敷を置いた。城を中心に拡がった武家居住地の外側には，商人・職人が同業ごとに集まって住む町人町（茶町，藺町，綿町，豆腐町，紺屋町，材木町など）がつくられた。町人町のさらに外側，つまり城下町の外縁で街道沿いや城下町の出入口付近には，防御機能を兼ねて寺院や墓を集めた寺町を配置した。このように，城下町においては身分や職業ごとに居住する地区が分けられた居住地域分化がみられた。

　郡山城下町の外堀は，秋篠川の流路を一部変更させて旧来から点在するため池とつないで造られたものである（図1）。外堀の数カ所に木戸や門をつくって番人を置き夜間や非常時に閉門するなど，こうした警備・監視の仕方によっ

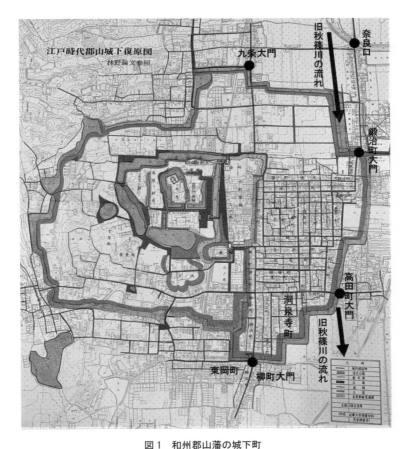

図1　和州郡山藩の城下町
柳沢文庫専門委員会編 1966.『大和郡山市史』に所収の「江戸時代郡山城下復原図」に筆者加筆.
（吉田 2022. 巻頭 5 を転載）

て，城下町という都市空間の正式メンバー（武士階級，商人・職人）とそうで
ない者とを明確に区別した。成立年代ははっきりしないものの，江戸時代後期
には城下町の二カ所に遊廓[1]があり（大阪市立大学「遊廓・遊所研究データ
ベース」），ひとつは外堀の内側に配置された寺町である洞泉寺町の一角に，
もう一カ所は外堀のすぐ外側にあたる東岡町にあった。外堀の内側と外側の
違いはあるが，洞泉寺町と東岡町のどちらの遊廓も城下町の外縁部に位置し，
前者は高田町大門（ここから伊賀街道につながる），後者は柳町大門（高野街

道につながる）の近くにあった。人の往来を制限して城下町の治安を守り風紀を統制するため，遊廓は武家の居住地や町人町から遠ざけられ，城下町の内部と外部をつなぐ出入口近くに固められた。一部の位の高い遊女を除いて，一般に遊女の社会的身分は低く，城下町という都市空間の正式メンバーとはみなされていなかった。和州郡山藩については詳細を確認できなかったものの，身分制度の中で最下層に置かれた賤民とよばれる人たちの被差別部落（穢多村などとよばれた）や，江戸末期に交易のため入国した外国人の居留地も，都市空間の正式なメンバーが住まう地域とはみなされず，城下町の外縁部に置かれた。城下町とは，社会的に排除された人々が空間的にも外縁部に追いやられる（空間的排除）という構造をもった都市であったといえる。

1-2. 近代の軍都と遊廓の設置

　開国後，欧米諸国との国力の差をみせつけられた明治政府は，殖産興業による資本主義の発展（富国）を通じて軍事力の強化（強兵）をめざす「富国強兵」政策によって欧米に追いつこうとした。強兵の一翼を担ったのが，1872（明治5）年に組織された大日本帝国海軍である。海防力強化を図るための国家プロジェクトとして，入り組んだ海岸線をもつ天然の良港と港の背後に険しい山を有する横須賀（神奈川県），呉（広島県），佐世保（長崎県），舞鶴（京都府）の4カ所に軍港を建設し，海軍の拠点となる鎮守府をそれぞれに置いた。当時の呉町と佐世保村には，1889（明治22）年の鎮守府開庁によって海兵団をはじめ海軍諸施設が設置され，配属兵士の流入が相次いだ。また1903（明治34）年に艦船や航空機など各種兵器を開発・製造する海軍工廠が発足したことで，軍需産業への従事者が増え，呉や佐世保の街は軍都として好調に滑り出した。

　呉町の人口は1887（明治20）年の1万2千人余りから鎮守府開庁を契機に増加し，1894（明治27）年の日清戦争を経てさらに増え，市制がしかれた1902（明治35）年には6万人を超えた。海軍兵士や工廠の職工に独身者が多かったことを反映し，人口構成は常に男性が女性を大きく上回っていた。鎮守府開庁で軍都として歩み始めた呉町の一角が，1895（明治28）年に広島県から貸座敷免許地（すなわち遊廓）の指定を受ける[2]。これをもって開設されたのが朝日遊廓である[3]。政治権力（ここでは府県知事）が公式に売春を管理する形態は

公娼制度とよばれ，したがって，この制度下におかれた売春女性は公娼ともいわれた。つまり朝日遊廓は公娼制度のもとに設置されたものである。1904（明治 37）年の日露戦争前後の呉市は海軍兵士と職工の街になっており，中心商店街には彼らの消費活動の対象となった食料品・衣料品・理髪・飲食店や銭湯などが並んで，市内最大の盛り場に発展していた。また，劇場・寄席，料亭・旅館の営業にも活気があった。この頃の朝日遊廓は 45 軒の貸座敷と 500 人を超える娼妓を抱えるまでに成長していた（呉海軍病院史編集委員会 2006）。

　明治初期まで人口 4 千人ほどの半農半漁だった佐世保村にも，1889（明治 22）年に海軍の鎮守府が開庁した。開庁と同年に設置された造船部はその後に組織改変され，1903（明治 36）年に海軍工廠となった。1898（明治 31）年には九州鉄道佐世保支線（現在の JR 佐世保線）が開通し，福岡や佐賀方面とつながった。軍都としての経済発展が佐世保村の人口を急増させ，1902（明治 35 年）には 5 万人を超える人口を有し，佐世保村から市に昇格した。鎮守府や工廠をもつ軍都では男性人口の偏りは共通の特徴で，佐世保も例外ではなかった。

　長崎県から佐世保村に貸座敷開業の許可が下りて 1893（明治 26）年に開設されたのが勝富遊廓である。1930 年（昭和 5）年発行の『全國遊廓案内』では，勝富遊廓を「三十年前迄は一小漁村であつたが，軍港に成ると同時に，呉や横須賀と同様にめき〳〵と發展して。今では人口が十五萬を突破して居る。此處は佐世保最初の遊廓で，花園遊廓に先んずる事十有七年の，明治二十六年に設立したもので，……。」（日本遊覧社編 2014：427-428）と紹介されている[4]。また，引用中の花園遊廓については「此處は軍港地として鎮守府を設置せられると同時に廓の入用を感じ，明治四十三年二月に遊廓地の免許となつたものである。」（日本遊覧社編 2014：428-429）との説明がある。それらの記述から，遊廓と軍港・軍隊の関わりを窺い知ることができる。この後 1919（大正 8）年に勝富と花園の両遊廓は合併し，千人を超える娼妓を抱える規模に至った。

　図 2 と図 3 から，鎮守府開庁後 10 年近く経った呉と佐世保のようすがわかる。両図から読み取れる共通点は，港湾地区に海軍関係の諸施設が集まる一方，市街地の外れに遊廓が位置していることである。呉の朝日遊廓と佐世保の勝富遊廓のどちらも，街の中心部から谷筋に沿って山側へと発展した市街地の末端部につくられた。平坦な街の中心部から離れてしばらく進んで行くと登り

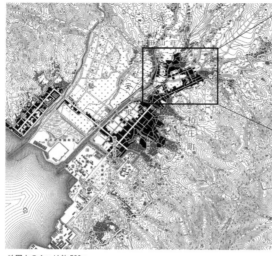

地図上の 1cm は約 200 m

地図上の 1cm は約 500m

図 2　朝日遊廓開設後の軍都呉
注）朝日遊廓は右図中の丸枠.
谷 謙二　時系列地形図閲覧サイト「今昔マップ on the web」に掲載
の旧版地形図 1899（明治 32）年測図「呉」に筆者加筆.

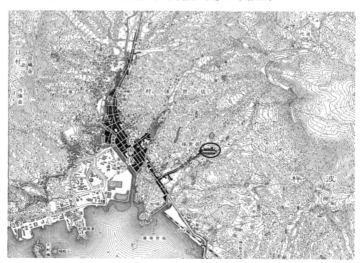

地図上の 1cm は約 500m

図 3　勝富遊廓開設後の軍都佐世保
注）勝富遊廓は右図中の丸枠.
谷 謙二　時系列地形図閲覧サイト「今昔マップ on the web」に掲載
の旧版地形図 1901（明治 34）年測図「佐世保」に筆者加筆.

坂になり，その先に遊廓がある。松下（2013：210）が「軍隊に遊廓はつきもの，というのが当時一般の通念であった。とりわけ兵営の誘致に奔走してきた有志者にとって，同時に遊廓を設けることは，なかば公然の合意事項のようであった。軍都に不可欠な都市インフラとみなされていたとも言えよう。」と述べるように，日本が軍隊・軍事力の強化を図った明治期から昭和戦前期において，遊廓は軍都に不可欠な存在で，軍隊の配置が遊廓の新設に結びついていた。

　では，なぜ「軍隊に遊廓はつきもの」なのだろう。そして「軍都のインフラ」とみなされた遊廓が，なぜ街の中心部ではなく市街地の外れにつくられたのだろう。当時の軍隊は，生物学的に「男」というセクシュアリティをもつ者のみが所属を許されたジェンダー化された空間（gendered space）の一例といえる。それは，軍隊という空間の構成員が男性のみに偏っていることのみならず，男らしさ・男性性（masculinity）の発現が求められる空間だからである。強靭な肉体と精神を備えた「男らしい」男性が異性に向ける性欲は健全で当たり前なものであり，それは抑制できないものだとする「男性神話」にもとづいたセクシュアリティ認識が当時の社会の中にあり，兵士の性欲のはけ口として軍隊に遊廓が必要と考えられた（平井 2014）。軍隊は階層関係が制度化された社会であり，この中で兵士一人ひとりは「男」のセクシュアリティをもつ存在として一元化される。そして戦時には，「男」として「兵士」として一枚岩に組織された軍隊による「暴力」が国家によって正当化される。日清・日露の両戦争を通して「男らしさ」は国家によってつくり出され強化されたといえる。また，貸座敷免許地を定めて遊廓をつくる目的のひとつは，私娼（国家や自治体からの営業許可を得ずに売春を生業とする女性）の取り締まりである。松下（2013）によれば，軍隊の営門前には私娼窟とよばれる地域ができて兵士の利用がみられ，近隣の子どもたちからは非常に悪い場所として避けられていたという。子どもの教育環境への影響は言うまでもないが，当時それ以上に問題視されたのは兵士への性病感染で，私娼窟はその感染源として警戒され，軍当局から兵士の出入りを禁じる命令がしばしば出された。他方，公娼制度による遊廓には当時駆黴院とよばれた診療施設があり，娼妓たちは定期的な検診を受けることを義務づけられた。これには，娼妓たちの身体を管理して兵士への性病感染のリスクを軽減する目的があった。明治政府にとって軍隊の士気低下を招

く懸念のある性病から兵士を守ることは，「富国強兵」政策の一端としての軍事力強化（強兵）を進めるうえで必須の課題だった。都市空間において遊廓を一般市民の生活の場から切り離して市街地の外れに設置し，隔離された「安全」な遊興の場を提供したのが，近代明治以降の公娼制度による遊廓である。

2. 敗戦後における売春街の形成

2-1. 軍隊の進駐と「性の防波堤」としての慰安所

　ここでは，第二次世界大戦敗北後，連合国軍[5]が進駐する地区の周辺に売春街がつくられていく経緯を，前節で取り上げた広島県呉市の特に呉地区を事例に，朝日遊廓のその後[6]にも注目しながらみていく。

　国民に終戦が知らされた1945年8月15日から間もない同年8月18日，当時の内務省警保局長[7]から「外国軍駐屯地に於る慰安施設について」とする通達が全国の警察署長宛てに送られた。その内容は，すぐにも進駐してくる連合国軍兵士の性の相手をする日本女性を集めて慰安所をつくるよう働きかけるものだった。同年8月21日に開催された内閣会議では，大臣の一人が，日本に進駐してくる兵士たちから日本女性や子どもを守る必要性を説いた。こうした政府の意向を受け，各地で慰安所の設置が進められることになった。

　広島県庁は，連合国軍のうち主にアメリカ合衆国軍（以下，米軍）2万人が1945年10月初旬に呉市の呉地区や広地区を中心に上陸するという情報を得る。これを受けた広島県警は，戦前からの貸座敷業者に「連合国軍将兵の進駐を前にして慰安所がないということは，善良な婦女子の保護上重大な問題であるから，民族の保護という観点から早急に慰安所を設置して欲しい」（広島県警察史編集委員会 1954：890-891）とびびかけ，広島県特殊慰安協会を結成させた。この協会が中心となり県内に性的慰安所（以下，慰安所）が設置され，呉市内にも「米軍遊廓」4カ所が進駐地区につくられることになった。図4は，米軍の進駐間もない呉地区から吉浦地区にかけて示したものである。図中斜線部の進駐地区に隣接して慰安所の設置（または設置予定）があった[8]ことが確認できる（呉市史編纂委員会 1995）。慰安所で働く女性の募集は県警主導で行われたが，当初応募は少なかった。県警から食料と高給の保障が示される

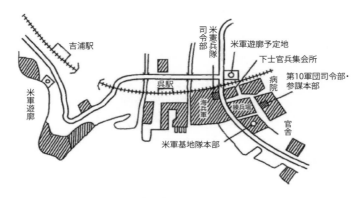

図 4　米軍進駐間もない呉地区および吉浦地区
呉市史編纂委員会（1995）p.319 に掲載の図に筆者加筆.

と，戦前の遊廓娼妓経験者に未経験者も加わって 700 人以上が集まり，彼女たちは県内 9 カ所の慰安所に送られた。慰安所は開設当初から米兵の利用で賑わったが，彼らの中に性病罹患者が増え始めると，軍政部は 1945 年 12 月に米軍進駐地区からの慰安所立ち退きを通告した。加えて，全国に先駆け広島県が公娼制度下で働く県内娼妓の解放を決めたため[9]，慰安所のすべてが閉鎖されることになった。とはいえ，娼妓の解放は人身売買による人権侵害を糺すためで，女性の自由意思による売春を禁じたわけではなかった。娼妓から接客婦へと名称が変わった女性たちは売春の拠点に貸座敷や民家を借りて仕事を続けたので，慰安所閉鎖は皮肉にも，売春が市中に蔓延する結果を招いた（呉市史編纂委員会 1995）。

　先述の，広島県警から戦前の貸座敷業者へのよびかけにあるよう，国や地方行政は，連合国軍向け慰安所を「善良な婦女子の保護」や「民族の保護」の観点から必要と考え，一部の女性の性を犠牲にして軍隊・兵士の暴力から女性や子どもを守る「性の防波堤」を正当化した。「男性神話」にもとづいた軍隊・兵士のセクシュアリティ認識に立つ「性の防波堤」の設置は，占領地女性たちを「守るべき女性」と「犠牲にしてもよい女性」とに二分した（平井 2014）。

2-2. 女性の身体やセクシュアリティの管理

　1946 年 2 月，米軍に替わって英連邦軍[10]が呉地区と広地区を中心に進駐し

てきた。呉市史編纂委員会（1995）によると，米軍の進駐前，市民の多くが恐怖心を抱いていたものの，米兵のおおらかで陽気な振る舞いはすぐに市民に受け入れられたが，一方，英連邦軍の進駐では当初から占領地住民との個人的交流を禁止する政策 [11] がとられたので，市民は英連邦兵の冷たくぎこちない態度に戸惑ったという。英連邦軍の進駐から間もなく，かつての貸座敷業者が組合をつくって広島県庁から資金を借り，1946 年 4 月に朝日遊廓跡地に「朝日ハウス」という兵士相手の売春宿を開業した。英連邦兵は占領地女性と関わることを禁止されていたが，朝日ハウスはすぐに盛況となり，その結果，彼らが駐留して 3 カ月ほどの間で性病に罹患する兵士は千人を超え，それ以降毎月千人程度のペースで増加した。こうした事態を憂慮した連合国軍の指示で朝日ハウスは開業から 5 カ月で閉鎖され [12]，その後は接客婦や市民の性病治療のための県立病院として利用された。一方，連合国軍は市内の旧呉海軍病院を接収し，接客婦や市民の利用から完全に切り離して兵士のみの治療施設とした。

　上記の対応のほか，連合国軍は，兵士への衛生教育の徹底化を図ったり，売春宿以外の慰安施設（映画館，クラブ，スナック・バーなど）の充実を呉市行政に求めるなどした。さらに，性病に感染した接客婦を発見して入院治療を徹底させるため，「おとり作戦」や「風俗取締班」を編成して対策を講じた。前者は，MP（連合国軍の憲兵）と警察が協力し，街中で「おとり」の兵士に売春目的で声をかけて来る女性をすぐさま逮捕してトラックの荷台に乗せ，女性でいっぱいになるまで作戦を続行した後，女性たちを警察署に連れ行って性病検査を受けさせるものである。後者は，性病治療で入院中の兵士を MP が病院まで訪ね，関係をもった女性の情報を聞き出して当該女性を探し出し，性病検査や治療を受けさせるものである（呉市史編纂委員会 1995）。平井は，こうした対策を警察と連携した連合国軍による「性病コントロール策」と位置づけ，「「不法な関係」をつくりだすのは，「誘惑する」女性たちであるという認識で，したがってその女性たちの排除を重要な対策としている」（平井 2014：84）と述べる。本来個人的なものであるはずの女性の身体やセクシュアリティが，占領地という都市空間のなかで，占領する側の権力をはじめ被占領側の地方行政によっても管理された。これは，決して女性の健康を守るという観点からではなく，あくまで兵士の性病罹患を防ぎ，軍隊内の士気を維持するためであった。

2-3.　都市空間における売春の「すみわけ」

　かつての朝日遊廓や朝日ハウスでは，業者に束ねられた女性たちが一定区域内に住んで売春を行う集娼方式をとっていた。しかし朝日ハウスの閉鎖で行き場を失った接客婦たちは，市内に散在した特殊下宿とよばれる民家に間借りしながら売春を行う散娼方式をとった。そのため呉市内の売春の中心は市街地周縁部の朝日町から移動し，市内中心部，特に呉駅より東の中通や四ツ道路付近，さらに旧亀山町一帯まで拡大した（図5）。

　1950年6月に朝鮮戦争が勃発すると，国連軍の一員として米軍や英連邦朝鮮派遣軍[13]の朝鮮半島派兵が決まった。呉市は戦地に軍事装備の調達・補給・整備等を行う後方支援を担うことになり，英連邦軍の一部が市内に残るなか，英連邦朝鮮派遣軍が駐留した。朝鮮戦争当時の呉市内における売春状況を調査した神崎（1953）や地元新聞[14]によると，接客婦の一部は組合に加入して売春を行っていた。組合として組織的に女性の性病検査受診を管理することで，行政から売春の許可を得ていたものである。組合には，朝日ハウスの閉鎖後市内に散らばった接客婦たちが再び朝日町一帯の特殊下宿業者に束ねられた「朝日会」と，朝日町に隣接した旧東雲町一帯の特殊下宿業者を中心とした「乙女会」があった。また，女性に住居や売春営業の部屋を貸す業者はいたものの，そうした業者による接客婦の組織化ではなく女性たちがつくった組合に「白鳥会」があった。当初，朝日会と乙女会の接客婦は兵士を客にしていたが，新聞記事に「四道路を中心に中通り，本通り，亀山一帯に，業者数は不明だが500〜600人　多くは雇主をもたず，間借りして生活　夜ともなれば，間借りに客を引いて商売」[15]とあるよう，英連邦朝鮮派遣軍の駐留する呉港一帯から市街地中心部に遊興（飲酒や買春）目的でやって来る兵士を，白鳥会や組合に属さない女性たちが客引きするようになった。その結果，市内で売春を行う女性は2,000人を超え，このうち日本人相手の女性は700〜800人（おもに朝日会と乙女会）で，そのほかの女性たちは兵士を顧客とした。さらに，業者や組合に属さず性病検診を受けていない私娼とよばれた女性たちが呉駅周辺を活動拠点にしていたが，彼女たちは常に警察の取締まり対象になっていた。組合加入の女性たちは私娼の存在について，「公認組と秘密営業業者とを区別」してほしいと呉市行政に要望している[16]。また，特定の交際相手をもつ「オンリー」

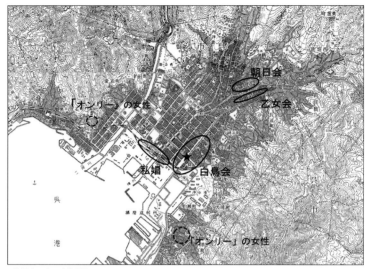

地図上の1cmは約500m

図5　売春の空間的「すみわけ」

注）図中の★は四ツ道路付近で，この南側が旧亀山町一帯．図中の表記は「す
　みわけ」の正確な範囲を示すものではない．
谷 謙二　時系列地形図閲覧サイト「今昔マップ on the web」に掲載の旧版地形
　図1952年発行「呉」に筆者加筆．

とよばれた女性の中には，空襲被害を免れた郊外の住宅を兵士から与えられる
などの経済的援助を受けていた者もいた。

　敗戦後の呉の都市空間には，相手にする客の違いや組合加入の有無（組織に
よる性病検査受診の管理）などによって女性たちの間にそれぞれの活動領域に
もとづいた線引きがあり，正確な範囲は明らかではないが，売春の「すみわけ」
があったことが確認される（図5）。これは，売春を生業とする女性たちの間
の客をめぐるせめぎ合いの関係が，都市空間に表れたものといえる。

3．都市空間と政治権力

　本章では，日本における売春街の形成を政治権力とセクシュアリティの観点
から考察するため，まず，近世江戸期や明治以降の都市空間における遊廓の設
置・配置について当時の政治権力の関わりに着目して把握した。江戸時代，各

藩は城下町の外縁部に社会的身分の低い遊女を抱える遊廓を置くことにより，城下町内部への人の往来を制限して治安を守り風紀を統制した．明治期に入り政府によって軍隊が組織されると，当時の社会にあった「男性神話」にもとづくセクシュアリティ認識から兵士の性欲のはけ口となる遊廓の存在が必要とされた．各府県知事が限定的に営業を許可した貸座敷免許地（すなわち遊廓）は，市街地の外れに隔離された「安全」な遊興の場として機能した．

　次に，敗戦直後から朝鮮戦争時までの呉市内における外国軍兵士の駐留と売春街の形成について，ジェンダーやセクシュアリティの視点から捉えた．当時の呉の都市空間は，戦勝・支配／敗戦・従属という国家間の政治レベルの権力関係が表れた場であった．またそこは，進駐米軍や英連邦軍（朝鮮戦争時には英連邦朝鮮派遣軍）の司令部，広島県や呉市行政・警察，多国籍の外国人兵士たち，売春関係の業者や売春を生業とした女性たち（接客婦や私娼），呉市民のように，多様な人々の多様な差異（人種・民族・階級・年齢・ジェンダー・セクシュアリティなど）から生じた権力関係が刻まれた場でもあった．多様な人々の複雑に絡み合った権力関係が都市空間に映し出される過程として，売春街の形成を捉えることができるだろう．ジェンダーやセクシュアリティは権力関係が組み込まれたきわめて政治的な概念であるからこそ，都市空間に刻まれた権力関係を暴き出す有用な視点なのである．

＊本稿は，吉田容子 2024. 都市のジェンダー研究. 阿部和俊編著『日本の都市地理学研究』296-308. 古今書院 を再編成し，大幅に加筆したものである.

（吉田容子）

［注］
1）一般に当時の遊廓とは，貧困の親の借金と引き換えに遊女屋に売られた娘たちが逃げないよう，遊女屋の集まった場所を高い塀や堀で囲ったものをいう（「囲う」という意味で，遊「郭」を用いることもある）. 狭義には，幕府の公認を受けた遊女屋が集まる場所を遊廓（すなわち公娼街）とよぶ. しかし，宿場町や門前町など人の往来が盛んなところには幕府が許可しない遊女屋が集まり，黙認されていた. これは岡場所（おかば）とよばれる私娼街で公式な遊廓ではないものの，利用客が多く規模の大きなものは広義の意味で遊廓と同一にみられていた. ここで紹介する洞泉寺遊廓と東岡町遊廓は幕府の公認を受けてはおらず，明治政府になって公許を得た.
2）明治になると，江戸時代の幕府公認遊廓は制度面で大きく変更された. 特定の区域に

貸座敷業者を集め，府県知事が限定的に営業を許可する貸座敷免許地が近代明治期以降の公娼制度における遊廓である．この制度のもと，娼妓（公認の売春女性）が遊女屋の経営者（貸座敷業者）から座敷を借り客の相手をするという建前のもとで，売買春が行われるようになった．背景には，明治5（1872）年のペルー船マリア・ルーズ号事件がある．同船が難破して横浜に寄港した際，奴隷として買われ船内に監禁されていた清国人が逃亡し，入港中の英国船に救助を求めた．連絡を受けた明治政府は裁判で審議し，清国人の解放を宣言した．裁判の過程で日本の娼妓が奴隷契約であると批判されたことから，明治政府は同年「娼妓解放令」を出し，人身売買を禁止した．しかしこれは売春自体を禁止するものではなく，女性の自由意思による売春は認められた．

3) 朝日遊廓よりも早く貸座敷の開業が許可されたのは，呉町北西の吉浦港近くにあった吉浦遊廓で，鎮守府開庁前の1887（明治20）年とされる（日本遊覧社編 2014）．吉浦遊廓は港湾労働者と結びついて機能していた．しかし鎮守府開庁後は，海軍兵士や職工にとって利便性の高い朝日遊廓が発展した．

4) 『全國遊廓案内』の記述には信憑性に欠けるところもあり，勝富遊廓の前身は1887（明治20）年に貸座敷免許地に指定された木風町（きかぜ）の遊廓だったが，市街地から離れていたため，業者が勝富に移転を願い出たという説がある．

5) 第二次世界大戦における連合国には，アメリカ合衆国，イギリス，ソビエト連邦，中国，オーストラリア，カナダ，オランダ，インドなど多数の国が含まれる．敗戦後日本を占領したGHQ（連合国軍最高司令官総司令部）の最高司令官ダグラス・マッカーサーは，1952年発効の対日講和条約において日本が独立を回復するまで，日本の占領政策を指導した．

6) 戦争末期の呉大空襲により市街地の大半は焼失し，朝日遊廓一帯もほぼ全焼，貸座敷業者や娼妓は四散した．

7) 内務省警保局は戦前まで全国の警察を統括した部局で，その局長は全国の警察の責任者として位置づけられる．

8) 呉駅から東の広地区にも米軍進駐地区があり，慰安所2カ所が開設された．

9) 1946年1月にGHQから公娼制度廃止命令が出された．これに先立ち広島県庁は情勢を察知していたという（広島県警察史編集委員会 1954）．

10) イギリス，オーストラリア，ニュージーランド，インドの各軍から成る．

11) フラタニゼーション・ポリシー（Fraternization Policy）とよばれるこの政策はイギリスの作成によるもので，英国軍兵士への威厳と尊敬のまなざしを占領国日本に期待したものである（呉市史編纂委員会 1955）．

12) 朝日遊廓開設の翌1896（明治29）年以来，県立の診療所が遊廓に隣接して置かれ娼妓の性病検診と治療を担ってきたが，朝日ハウスが開業した頃にはこの病院が閉鎖されており，性病対策が行き届かなくなっていた（呉海軍病院史編纂委員会 2006）．

13) 英連邦軍を構成したイギリス，オーストラリア，ニュージーランドと，インドに替わってカナダが加わった各軍から成る．

14) 中國日報 1952年2月26日，および同年7月11日記事参照．

15) 中國日報 1952年5月1日記事参照．

16）中國日報 1952 年 8 月 10 日記事参照．

［引用文献］

大阪市立大学「遊廓・遊所研究データベース」https://yukakustudy.jp/database（2023 年 5 月 27 日最終閲覧）

神崎 清 1953．『夜の基地』河出書房．

呉海軍病院史編集委員会編 2006．『呉海軍病院史』呉海軍病院史編集委員会．

呉市史編纂委員会編 1995．『呉市史 第 8 巻』呉市役所．

日本遊覧社編（渡辺豪 復刻編者）2014．『全国遊廓案内』カストリ出版（初版 1930）．

平井和子 2014．『フロンティア現代史 日本占領とジェンダー－米軍・売買春と日本女性たち』有志社．

広島県警察史編集委員会 1954．『新編 廣島県警察史』広島県警察連絡協議会．

松下孝昭 2013．『軍隊を誘致せよ－陸海軍と都市形成』吉川弘文館．

吉田容子 2022．大和郡山－都市空間の歴史．浅田晴久編著『地図で読み解く奈良』80-97．かもがわ出版．

［文献案内］

■平井和子 2014．『フロンティア現代史 日本占領とジェンダー－米軍・売買春と日本女性たち』有志社．

　敗戦後連合国軍が駐留する日本において，「守るべき女性」の性の防波堤として正当化された慰安所や売春街がつくられる過程を史資料から明らかにし，占領下日本における軍隊と性暴力の問題をジェンダーの視点から洗い直した．

■菊地夏野 2010．『ポストコロニアリズムとジェンダー』青弓社．

　米国統治下の沖縄における買売春や日本軍による「慰安婦」問題について，買売春と女性の主体性に着眼した分析・考察をもとに，植民地主義とジェンダーやセクシュアリティの関係性を論じた．

■金富子・金栄 2018．『植民地遊廓－日本の軍隊と朝鮮半島』吉川弘文館．

　日本統治下の朝鮮半島に持ち込まれた日本式の公娼制が植民地社会に与えた影響について，日本の軍隊との関係に注目しつつ，史資料はもとより当時の娼妓たちのオーラルヒストリーやメディア記事をもとに明らかにした．

［学習課題］

「本章を参考に考えてみよう！」

　戦後日本における外国軍兵士の駐留地や基地は，地域の住民にどのような影響をもたらしたのだろうか．政治，経済，社会，文化，教育などの側面から考えてみよう．

「興味を持った人はさらに調べてみよう！」

　近年，世界で勃発した戦争，内戦，侵攻を事例に，戦時における軍隊・兵士の存在についてジェンダーやセクシュアリティの視点から考察してみよう．

第8章　都市空間とセクシュアリティ

　本章では，セクシュアリティと都市空間の関係について，同性愛者を対象とした都市研究に焦点を絞り，研究事例にもとづいて説明する。まずは，都市空間にセクシュアリティという視点を導入する意義について述べる。次に，ゲイ（男性同性愛者）の空間やレズビアン（女性同性愛者）の空間について検討する。都市は周縁化された同性愛者の拠り所となるだけでなく，彼ら彼女らを可視化させる。ただし，都市におけるレズビアンの空間とゲイの空間には差異がみられ，そこには両者の間にある経済的・社会的格差が反映されている。

1．都市空間におけるセクシュアリティの視点

　今日，セクシュアルマイノリティ（性的マイノリティ）[1] に対する認知度が高まっている。毎年6月は「プライド月間」と呼ばれており，セクシュアルマイノリティに関連するイベントが世界的に行われ，その一部はパレードを伴って開催される。6月が「プライド月間」であるのは，1969年6月28日に「ストーンウォールの反乱」が発生したことに由来する。これは，ニューヨークのゲイバー「ストーンウォール・イン」に警察が捜査を目的として押し入り，客のセクシュアルマイノリティがそれに応戦し立てこもった事件である。

　海外のイベントと同様に，日本でも複数の都市でセクシュアルマイノリティに関連するイベントがみられる。東京都渋谷区の代々木公園では，例年4月下旬もしくは5月初旬の週末に「東京レインボープライド（TRP）」が開催されている[2]。イベント期間中，会場周辺の街路や商業施設には性の多様性を示すレインボーフラッグやイベント名がプリントされた幟（のぼり）が設置される。それらはイベントが終われば取り外されるが，一時的とはいえ都市の景観に性の多様性を浮かび上がらせる。

　東京レインボープライドのパレードは，1994年の「第1回レズビアン＆ゲ

イパレード」を起源としている。こ
のパレードは，当時ゲイ雑誌の編集
長かつ「国際レズビアン・ゲイ協会
（ILGA）」の日本における窓口役で
あった南定四郎氏が中心となって開
催された。その後パレードは，中断
や運営団体および名称の変更をはさ
みながらも今日まで継続している。
パレード参加者の一部は，性の多様
性を主張するプラカードなどを持ち

写真 1　東京レインボープライドのパレード
（2022 年 4 月 24 日，筆者撮影）

ながら行進する（写真 1）。その中には，「アライ（ally）」と呼ばれる理解
者や支援者も含まれる。パレードはレインボーフラッグを街中に設置する以上
の効果がある。参加者による行進は，身体を用いて異性愛規範的・性別二元論
的な社会に異議を申し立て，セクシュアルマイノリティを可視化させているの
である。

　このようなイベントやパレードを通じて，私たちはセクシュアルマイノリテ
ィについてさらに知ることができる。その中でもゲイ（男性同性愛者）は，
1960 年代にはすでに都市空間で可視化されていた。その背景には，1960 年代
から 70 年代のアメリカ合衆国で起きた，ゲイを中心とする同性愛解放運動や
ゲイ・ライツ運動がある。この時期のアメリカは，ベトナム反戦運動や公民権
運動，女性解放運動などが盛んであり，ゲイ解放運動はそれらの運動の影響を
受けつつ展開した。先述のストーンウォールの反乱は，セクシュアルマイノリ
ティによる既存権力への抵抗を意味しており，解放運動の象徴として語り継が
れている。そのような社会的背景の中で，1970 年代以降の地理学や都市社会
学では，都市内部に形成されるゲイの空間やレズビアンの空間を研究の対象と
してきた。本章では，研究が先行したゲイの地理学的研究についてまず紹介
し，その後レズビアンの地理学的研究に言及する。

2. 欧米におけるゲイの空間

　ゲイディストリクト（gay district）とは，都市内部において主にセクシュアルマイノリティの集住もしくはセクシュアルマイノリティ向けの商業施設[3]の集積などによって非異性愛が可視化された地区のことである。ゲイディストリクトではゲイだけでなく，レズビアンなどのセクシュアルマイノリティが可視化されることもある。また，地区によってはレインボーフラッグやモニュメントが設置されており，周辺地域と明確に異なる景観がみられる場合もある。以下では，欧米のゲイディストリクトの特徴と変容に関する研究事例を紹介する。

2-1. カストロ地区

　アメリカ合衆国サンフランシスコ州のカストロ地区は，世界的に有名なゲイディストリクトとして知られている（写真2）。第二次世界大戦時のアメリカ軍において同性愛者であることを知られた者は除隊処分となったため，太平洋地域での任務に従事していた彼ら彼女らは，サンフランシスコに戻された。これを契機として，サンフランシスコに同性愛者が集まることになった。第二次世界大戦末期のサンフランシスコにおけるゲイのネットワークの中心はバーであった。終戦後，彼らはカストロ地区などに集住し，ゲイ向けの商業施設を拡大させ，イベントの開催などを通じてゲイコミュニティを作り出した一方で，レズビアンは空間的に集中せず社会的・個人的なネットワークを形成する傾向にあった（カステル1997）。

　1970年代頃，サンフランシスコのゲイは，彼らの権利獲得のため政治的基盤を形成しようと試みた。当時は，保守派の働きかけによってア

写真2　カストロ地区におけるゲイ向けの商業施設のポスター（歩道にはレインボーフラッグがある）（2017年9月16日，筆者撮影）

メリカの一部の州では同性愛者の権利を制限する法案が可決されており，それに対抗する政治運動の機運が高まっていた。1975 年にサンフランシスコ市長に選出されたジョージ・モスコーンは，ゲイを公表していたハーベイ・ミルクを行政の役員に任命した。ミルクは 1977 年に市政執行委員に立候補し，カストロ地区のゲイコミュニティを基盤として選挙活動を行った。彼はその選挙で当選し，世界で初めて公職に選出されたゲイとなった[4]。

　政治的基盤の形成と並行して，当時経済的に余裕のあったゲイは居住地区の住環境を改善させていった。1970 年代にサンフランシスコの都市環境が改善された背景には，彼らによる 3 つの働きかけがあった（カステル 1997）。第 1 に，裕福なゲイは手ごろな価格の住宅を購入し，改装業者を雇って住宅を改善させた。第 2 に，ゲイの不動産業者や室内装飾業者は安価な土地を購入して，その土地の建物を修理し改築した。第 3 に，個人で住宅を購入する金銭的余裕のない大多数のゲイは，集団で住宅を購入または賃借し，自ら修理や改築を行った。

　このようなゲイの働きかけは，もともと衰退していたゲイの居住地域の住環境を向上させると同時に住宅価格の高騰をもたらした。その結果，ジェントリフィケーション[5]が生じ，ゲイだけでなく中産階級の異性愛者世帯もカストロ地区に流入した。カストロ地区を含むサンフランシスコでは，ゲイがジェントリフィケーションの担い手となっており，彼らは地区を変容させるほどの影響力を持っていた。

　しかし，1980 年代にアメリカ国内のゲイコミュニティは危機に陥る。その原因はゲイの間でエイズの感染が急速に広まったことにあり，カストロ地区でも同様であった。当時のレーガン政権がエイズ対策や感染者支援に積極的な態度を示さない状況下で，サンフランシスコではゲイコミュニティを中心にエイズに関する啓発活動や感染者への支援，行政への抗議運動などが行われた。このエイズ危機克服の過程でカストロ地区のゲイコミュニティは強固に団結し，世界的に注目されるようになった（畢 2014）。

　このような歴史的背景を持つカストロ地区は，今日でもゲイをはじめとするセクシュアルマイノリティにとって象徴的な地区となっている。2011 年には，アメリカ国内初となるセクシュアルマイノリティに特化した博物館（「GLBT

Historical Society Museum」）が地区内に建設された。この博物館はカストロ地区の観光地となっており，サンフランシスコにおけるセクシュアルマイノリティの歴史を後世に伝える役割も担っている。

2-2. ソーホー地区

　イギリスのロンドン都心部にあるソーホー地区においてもゲイディストリクトの形成が確認されている。元来当該地区では，異性愛者を対象とした性産業が盛んであり，路上ではセックスワーカーによる客引きが横行していた。1959年に客引きを罰する法律が制定されたものの，マフィアなど地元の犯罪組織が関わる違法な売春宿は数多く立地していた。セックスやポルノ関連の商業施設も当該地区に集積していたが，1980年代にそれら関連業者の取り締まりが強化された。その結果，ソーホー地区の性産業関連の商業施設や売買春[6]のために使用されていたアパートの数は減少し，当該地区はロンドン都心部で衰退した地区となった。

　ソーホー地区周辺には，衰退以前の1970年時点でゲイ向けの商業施設が複数店舗立地していた（Collins 2004）。1980年代に始まる性産業の摘発によって空きテナントが増加すると，そこでゲイ向けの商業施設が開設されるようになっていった。その背景には，当時の同性愛者をめぐる社会的な認識も関連している。1980年代後半のイギリスでは保守政党によって「伝統的な家族」観に基づいた政策が重視されており，同性愛者のライフスタイルは社会的に非難されていた。同性愛者に対する抑圧が強まるなかで，衰退して怪しく危険で近寄りがたいと思われていたソーホー地区は，一般社会から疎外されていたゲイがビジネスを行う場所として選択された。さらに1990年代にかけて，ソーホー地区には商業施設だけではなくゲイの世帯が流入し始めた。それによってゲイの居住者が増加し，当該地区のゲイコミュニティはいっそう強固になっていった。

　ただし，1990年代以降，カストロ地区と同様に，ソーホー地区では住宅開発が進行し，住宅価格と賃貸料が上昇した結果，金銭的に余裕のある者のみがゲイディストリクトに居住できるようになり，賃料を払う余裕のないゲイ世帯は移住を余儀なくされた。一方で，中産階級の異性愛者世帯の流入によって，

当該地区に異性愛者のコミュニティが形成されたが，彼ら彼女らも同性愛者と同様にゲイバーの客としてゲイビジネスに貢献した。このように，2000 年前半までのソーホー地区はゲイの居住者やゲイビジネスによって特徴づけられたゲイディストリクトとして存続していた。

　しかし，2000 年代後半以降のオンラインツールの普及は，ネット空間におけるセクシュアルマイノリティ同士のコミュニティ形成や交流の機会をもたらした。それまでは，ゲイ同士の出会いは主にゲイディストリクトのような地理的空間が中心であった。その一方で，オンラインツールの普及後は，ネット空間でつながることができるため，ゲイディストリクトに頼らずともコミュニケーションをとることが可能になった。

　また，今日の同性愛者はソーホー地区があるロンドンを居住先として選好しなくなっていると示唆されている（Collins and Drinkwater 2017）。その背景として，イギリス国内の同性愛に対する寛容度が高まっているにもかかわらず，ロンドンは比較的不寛容な地域であることが考えられる[7]。さらに，ソーホー地区では，新たな再開発事業に伴う住宅価格と賃貸料の大幅な上昇によって，ジェントリフィケーションがいっそう進行している。これらはゲイディストリクトを衰退させる要因となり，ソーホー地区ではゲイの世帯数やゲイ向けの店舗数が減少し，それらはロンドン郊外や中小都市に移っていった。

2-3.　オックスフォードストリート地区

　オーストラリアのサウスウェールズ州シドニーの中心部にはダーリングハーストという行政区があり，その幹線道路であるオックスフォードストリート周辺もゲイディストリクトとして知られる地区である。1960 年代，この地区では安価な住宅が多くみられ，ソーホー地区と同様に，犯罪や売買春が横行していた。1970 年代から 1980 年代にかけて，同性愛者向けの商業施設が当該地区を中心に集積することで，ゲイコミュニティやレズビアンコミュニティが形成された。それと同時にゲイやレズビアンの居住者が増加し，ゲイディストリクトが形成された（Ruting 2008）。また，オックスフォードストリートは，同性愛の合法化を求める 1978 年のデモ行進を起源とする「マルディグラ・パレード」の順路となっており，セクシュアルマイノリティを都市に可視化させる物

理的基盤となってきた。

　ただし，1970年代以降，オックスフォードストリート地区において，ゲイが主導するジェントリフィケーションの兆候が徐々にみられるようになった。その結果，高騰した賃貸料を支払う余裕のないゲイやレズビアンは居住地を追われ，シドニー郊外へ分散した。また，同性愛者向けの商業施設も賃貸料の高騰によってオックスフォードストリート地区から撤退した。

　その一方で，異性愛者向けの商業施設，特にバーやクラブなどのナイトライフ関連施設が増加しており，当該地区において同性愛が可視化される景観が徐々に失われている。さらに，ナイトライフを楽しむために訪れる異性愛者の一部が，同性愛嫌悪を動機とする同性愛者への暴行事件を起こしている。そうした事件は，同性愛者と異性愛者の間の緊張関係を露わにする事例といえ，その結果，同性愛者に当該地区のゲイディストリクトとしての魅力を低下させた。

　これらが要因となって，ゲイディストリクトは衰退していった。ただし，今日においても「マルディグラ・パレード」はオックスフォードストリートを通過し，それに伴うイベントは当該地区で継続して開催されていることから，当該地区はセクシュアルマイノリティにとって象徴的な場所であり続けている。

2-4. クィアフレンドリーネイバーフッド

　ゲイの空間に関する議論は，都心部のゲイディストリクトを中心に展開されてきたが，郊外に形成されるクィアフレンドリーネイバーフッド[8] (queer-friendly neighborhood) への注目が近年高まっている。クィアフレンドリーネイバーフッドを対象とした研究には，オーストラリアのシドニーに位置するニュータウンおよびビクトリア州の地方都市デイルズフォードを事例としたものがある（Gorman-Murry and Waitt 2009）。前者の地域は，シドニーよりも下位の行政区であるシティ・オブ・シドニーおよびマリックビルによって管轄されており，前節で紹介したオックスフォードストリート地区と比較的近い距離にある。

　クィアフレンドリーネイバーフッドでは，異性愛者の世帯が多数を占めるものの，ヒッピーや芸術家，学生など多様な社会的集団で構成されており，その

中で同性愛者の居住もみられる。当該地域やその周辺には，セクシュアルマイノリティに友好的な商業施設のほか，彼ら彼女らを支援する組織がみられることもある。その施設や組織の一部ではレインボーフラッグが掲げられ，公共の広場では同性愛を象徴するモニュメントが設置されることによって，景観に同性愛が可視化されている。そして，このような景観は同性愛者の当該地域への帰属意識を高めることにつながっている。

　そのような地域においても，異性愛者の住民からの同性愛嫌悪的な言動はみられるが，クィアフレンドリーネイバーフッドのあるニュータウンを管轄するシティ・オブ・シドニーとマリックビルは，セクシュアルマイノリティの社会的包摂を推進している。その具体的な施策には，セクシュアルマイノリティの住民のニーズに合致するサービス提供や性の多様性を扱った教育の実践などが含まれる。一方，デイルズフォードでは，行政はセクシュアルマイノリティに対する支援に消極的であるものの，異性愛者の住民は同性愛者と日常的に交流してきた。異性愛者の住民は，この草の根レベルの取り組みが両者の良好な関係性を築くうえで効果的であると認識していた（Gorman-Murry and Waitt 2009）。

　クィアフレンドリーネイバーフッドに注目することで，以下の2点がみえてくる。第1に，セクシュアルマイノリティの空間は，同性愛者向けの商業施設の集積や同性愛者の集住が顕著な都心部だけでなく，その郊外や地方都市にも形成されている。第2に，同性愛に対する差別をなくすための活動があらゆるレベルで積極的に取り組まれている。後者については，地域の持続可能性や地域における多様な集団の共生が求められる今日において，ますます重要な論点となるだろう。

3. 日本におけるゲイの空間

　日本最大のゲイディストリクトである東京都新宿区の新宿二丁目地区では，江戸時代から1958年の売春防止法施行まで，宿場町，遊廓，赤線地区とかたちを変えながらも異性愛間の性売買が行われてきた。売春防止法施行以降，空洞化した赤線地区にゲイバーが入り込むことでゲイディストリクトとしての新

宿二丁目地区が形成された。今日ではゲイバーやゲイショップだけでなくクラブ，専用ハッテン場[9]，さらにレズビアンバーやトランスジェンダー向けの商業施設などが 300 〜 400 店舗ほど立地しているといわれる。商業施設は行政区画としての新宿二丁目に集積しているが，隣接する町丁にも分布している。新宿二丁目の土地利用をみると，南側の大規模なビルにオフィスやチェーン店などが，北側と中央に主に同性愛者向けの商業施設が立地している（須崎 2019a）。

　新宿二丁目地区を訪れるゲイは，店員や客との会話や交流を通してコミュニティを形成する（砂川 2015）。10 代から 40 代のゲイを対象にしたインタビュー調査では，対象者の多くが新宿二丁目地区をコミュニティの形成やゲイというアイデンティティと結びつく特別な場所であると認識していた（須崎 2019b）。ただし，ゲイの交友関係が構築されたりパートナーができたりすると，新宿二丁目地区を利用する頻度を低下させ，当該地区に対する特別な場所という認識が相対的に弱まった者もいる。このように，新宿二丁目地区に対する彼らの認識は固定的なものではなく，個人の置かれた状況によって変化しうる。

　新宿二丁目地区では同性愛者の集住はみられない。その理由は，第 1 に，新宿二丁目地区がいわゆる繁華街であり，同性愛者は騒音やごみ問題[10]などから住環境が悪いと認識していること，第 2 に，当該地区の家賃が高いこと，第 3 に，セクシュアリティに関わる要因，つまりこの地区に住むことで，自分が同性愛者だと周囲に暗示してしまう危険性から居住を回避する傾向にあることがあげられる（Susaki 2021）。新宿二丁目地区は，同性愛者にとって生活の場所ではなく，ゲイバーやレズビアンバーなどの商業施設を利用するために訪れる場所となっている。

　現在，日本のゲイの空間についての議論は新宿二丁目地区が中心となっている。しかし，ゲイバーの集積は，新宿二丁目地区だけでなく他の大都市の繁華街にもみられる。例えば，大阪では，1960 年代頃からキタやミナミ，新世界といった繁華街にゲイバーやハッテン場が集積しており（鹿野 2018），今日においても複数のゲイバーが立地する。今後はそのような地区との比較検討を通じて，日本におけるゲイの空間の特徴を整理することが求められる。

4. レズビアンの空間

　レズビアンの空間は，ゲイの空間と比べて可視化されにくいと言われてきた。それは，レズビアンはゲイと比べて空間を占有せずに社会的・個人的なネットワークを形成する傾向にあり，両者の間には空間をめぐる本質主義的な差異があると主張されてきたからである（カステル 1997）。しかし，その主張は，レズビアンが集住する地区の存在とその地区の特徴が明らかにされるにつれて批判されるようになった。今日では，レズビアンはゲイよりも経済水準が低く，社会資源へのアクセスが容易ではないことから，両者の空間に差異が生じていると理解されている。

　例えば，アメリカの事例では，レズビアンが集住している地区は，持ち家率や家賃水準が低い傾向にある（Adler and Brenner 1992）。その一方で，レズビアンが集住するニューヨークのパークスロープ地区において，社会資源へのアクセスが比較的容易なレズビアンの住民は，地域のソフトボールチームや女性に護身術を教える団体に所属・参加することで彼女らの社会的ネットワークを構築した（Rothenberg 1995）。

　レズビアンが利用する都市内部の商業施設を対象とする研究もみられる。例えば，パリにおいて女性向けの商業施設や社交場を地図化することで，レズビアンの交流の場が視覚的に把握されるようになった（Winchester and White 1988）。ただし，レズビアン向けの商業施設は，繁華街やゲイ向けの商業施設の集積する地区に小規模に立地することが多い。そのような施設内は彼女らが異性愛的・家父長的な規範から解放される場所であるものの，施設の外に出ると彼女らは抑圧を受ける場合がある。

　イギリスのマンチェスターにあるカナルストリート周辺にはさまざまなナイトライフ関連施設がみられ，レズビアン向けの商業施設も立地している。彼女らはその施設を訪れ友人との交流を楽しむが，そのさい異性愛者から同性愛嫌悪に満ちた暴言を吐かれたことがある（Pritchard et al. 2002）。

　カナダのモントリオールにはゲイディストリクトであるル・ヴィラージュがあり，その近くに位置するプラトー・モン・ロワイヤルでは，1980 年代にレ

ズビアン向けの商業施設が立地した（Podmore 2013）。1990年代にル・ヴィラージュでもレズビアン向けの商業施設の出店が増加した結果，この地区ではゲイだけでなくレズビアンも可視化されるようになった。ゲイディストリクトへのレズビアン向けの商業施設の進出は，この地区の多様化をもたらした。ル・ヴィラージュを訪れるレズビアンは，ここがレズビアンとしてのアイデンティティと結びつく場所と認識していた。ただし，2005年にはプラトー・モン・ロワイヤルで2人のレズビアンが暴行を受けており，ゲイディストリクト周辺はレズビアンにとって必ずしも安全な場所とは言えない。

　これまで，セクシュアリティの地理学はゲイ中心であり，都市においてレズビアンの空間が見落とされる傾向にあった。しかし，レズビアンも都市において彼女たちの空間を形成している。ゲイの空間とレズビアンの空間はどちらも，一部の同性愛者にとっての拠り所であり，コミュニティを形成する物理的基盤として機能してきた。ただし，レズビアンの空間はゲイの空間に比べて可視化されにくく，その背景には両者の経済的な格差がある。また，レズビアンは女性かつ同性愛者であるがゆえに，ゲイの男性より暴言や暴力の対象になりやすい。都市におけるレズビアンの空間を捉えるうえで，女性かつ同性愛者という二重のマイノリティ性から問題意識を持つことが重要である。

5. おわりに

　本章では，セクシュアリティと都市空間の関係性について，同性愛者を対象とした都市研究に焦点を絞り，国内外の研究事例をもとに説明してきた。異性愛規範や同性愛嫌悪が根強く蔓延る社会において，同性愛者は抑圧や排除の対象となっているが，そのような状況下で都市は同性愛者同士の交流を可能にしてきた。そして，都市は周縁化された同性愛者の拠り所となるだけでなく，彼ら彼女らを可視化させ，ときに権利を求めて活動する政治的基盤にもなってきた。ただし，都市におけるレズビアンの空間とゲイの空間には差異がみられ，そこには両者の間にある経済的・社会的格差が反映されている。

　最後に都市空間からセクシュアリティを理解することの意義について，オンラインツールの普及との関係から触れておきたい。今日，オンラインツールを

用いた交流は同性愛者の間でも活発になっており，その目的は交流関係を広げることからパートナーを探すことまで幅広い．ネット空間のような非物理的空間による交流は時空間的な制約を軽減させ，都市におけるレズビアンやゲイの空間への依存度を相対的に低下させていることは否定できない．しかし，現時点でオンラインツールによる非対面的な交流は，対面的な交流を完全には補完できていない．それは，オンラインツールで知り合った同性愛者同士が，「オフ会」（オフラインでの対面的な交流会）を開催していることからも理解できる．都市において同性愛者の対面的な交流が続く限り，都市空間からセクシュアリティの問題を捉える視点は，彼ら彼女らの経験を読み解くうえで重要である．

（須崎成二）

［注］
1）セクシュアルマイノリティとは，シスジェンダー（出生時に割り当てられた性別と性自認が合致している人）かつ異性愛者（異性に対して性的魅力を感じる人）に当てはまらない人々を指す．「LGBT」はレズビアン（Lesbian），ゲイ（Gay），バイセクシュアル（Bisexual），トランスジェンダー（Transgender）の頭文字をとった言葉であるが，すべてのセクシュアルマイノリティを表すことができないため，「LGBTQ＋」などの表記も増えている．
2）現在の TRP の会場は代々木公園で固定化されている．代々木公園での開催は 1996 年の「第 3 回レズビアン & ゲイパレード」に遡る．その後，中断期間を経て 2000 年に開催された「東京レズビアン & ゲイパレード 2000」でも同公園を使用したことが会場の固定化につながっていると考えられる．「東京レズビアン & ゲイパレード 2000」の実行委員長を務めた文化人類学者の砂川秀樹によると，当初は新宿区の公園を会場として検討し，区との利用許可に関する交渉も進めていた．しかし，公園を集会場所として利用するうえでの条件およびパレードの集合場所としての利便性の悪さを勘案し，最終的に代々木公園での開催となった．
3）セクシュアルマイノリティ向けの商業施設とは，ゲイバーやレズビアンバー，ゲイクラブ，ゲイショップ，セクシュアルマイノリティに寛容なカフェやレストランなどが当てはまる．
4）1978 年にモスコーンとミルクは，保守的な市政執行官であったダン・ホワイトによって射殺される．ホワイトに対しては懲役 7 年という判決が下されるが，その判決に不満を抱いたゲイたちはサンフランシスコで暴動を起こした．
5）ジェントリフィケーションは多義的な意味を含む概念であるが，都市の現象を分析する枠組みとしてのジェントリフィケーションを森 千香子は「都市のハード面（建造環境）とソフト面（住民や利用者の実践・文化）の「高級化」と暫定的に」（森

20023: 3-4）定義している．

6）　「売る」女性だけでなく「買う」男性の存在も顕在化させるため，本章では買売春
と表記している．

7）　イギリスの National Centre for Social Research が行った British Social Attitudes Survey
によれば，2010 年から 2012 年にかけて同性愛の関係を「常に間違っている（always
wrong）」と回答した割合は，国内平均が 20.5 ％に対しロンドンでは 27.7 ％であった．
逆に「まったく間違っていない（not wrong at all）」と回答した割合は，前者が 45.8
％に対し後者は 42.0 ％であった．

8）　クィアは，英語圏において本来同性愛者に対する侮蔑を意味する言葉であったが，
当事者が抵抗運動を起こすうえで「正常」とされないセクシュアリティすべてを包括
する言葉として戦略的に用いられるようになった．日本ではクィアが LGBTQ と同義
として理解される傾向にあるが，上記の背景から前者は後者よりも政治的な意味合い
が強い言葉である．また，ここでのクィアフレンドリーは「セクシュアルマイノリテ
ィに対して友好的・寛容な」と理解され，都市や地域，企業や人に対して用いられて
いるが，同義の LGBT フレンドリーの方が一般的な表現として広まっている．クィア
フレンドリーネイバーフッドは，都市研究の中で用いられ始めた用語である．

9）　ゲイショップとは，ゲイ雑誌やゲイビデオ，アンダーウェアなどを販売する商業施
設である．ハッテン場とは，男性同士の匿名の出会いや性行為が行われる場所や専用
の商業施設を指している．

10）　現在，新宿二丁目地区ではごみ問題の解決に向けて，ごみ捨てに関する規則の周知
やその規則に従ったごみ捨ての徹底が目指されている．

［引用文献］

カステル，M．著，石川淳志・吉原直樹・橋本和孝訳 1997．『都市とグラスルーツ―
都市社会運動の比較文化理論』法政大学出版局．Castells, M. 1983. *The city and the
grassroots*. Berkeley: University of California Press.

鹿野由行 2018．繁華街における周縁的セクシュアリティの受容過程―近現代大阪の「ゲ
イタウン」形成史．大阪大学文学研究科博士論文．

須崎成二 2019a．新宿二丁目におけるゲイ・ディストリクトの空間的特徴と存続条件．
都市地理学 14: 16-27.

須崎成二 2019b．「新宿二丁目」地区におけるゲイ男性の場所イメージとその変化．地
理学評論 92A: 72-87.

砂川秀樹 2015．『新宿二丁目の文化人類学―ゲイ・コミュニティから都市をまなざす』
太郎次郎社エディタス．

畢 滔滔 2014．同性愛者向けの商店街とゲイツーリズム．立正経営論集 47: 1-34.

森 千香子 2023．『ブルックリン化する世界―ジェントリフィケーションを問いなおす』
東京大学出版会．

Adler, SY. and Brenner, J. 1992. Gender and space: Lesbians and gay men in the city.
International Journal of Urban and Regional Research 16: 24-34.

Collins, A. 2004. Sexual dissidence, enterprise and assimilation: Bedfellows in urban regeneration. *Urban Studies* 41: 1789-1806.

Collins, A. and Drinkwater, S. 2017. Fifty shades of gay: Social and technological change, urban deconcentration and niche enterprise. *Urban Studies* 54: 765-785.

Gorman-Murray, A. and Waitt, G. 2009. Queer-friendly neighbourhoods: interrogating social cohesion across sexual difference in two Australian neighbourhoods. *Environment and Planning A: Economy and Space* 41: 2855-2873.

Podmore, J. A. 2013. Lesbians as village 'queers': The transformation of Montréal's lesbian nightlife in the 1990s. *ACME* 12: 220-249.

Pritchard, A., Morgan, N. and Sedgley, D. 2002. In search of lesbian space? The experience of Manchester's gay village. *Leisure Studies* 21: 105-123.

Rothenberg, T. 1995. And she told two triends: Lesbians creating urban social space. In *Mapping desire*, ed. D. Bell and G. Valentine, 165-181. London: Routledge.

Ruting, B. 2008. Economic transformations of gay urban spaces: Revisiting Collins' evolutionary gay district model. *Australian Geographer* 39: 259-269.

Susaki, S. 2021. The gay district as a place of residence for gay men and lesbians in Japan: The case of Shinjuku Ni-chome. *Geographical Reports of Tokyo Metropolitan University* 56: 73-83.

Winchester, H. P. M. and White, P. E. 1988. The location of marginalized groups in the inner city. *Environment and Planning D: Society and Space* 6: 37-54.

［文献案内］

■須崎成二　2019．新宿二丁目におけるゲイ・ディストリクトの空間的特徴と存続条件．都市地理学 14: 16-27.
　欧米の都市におけるゲイディストリクトの形成から衰退までを示す発達モデルにもとづいて，新宿二丁目地区のゲイディストリクトとしての特徴を検討している．

■福田珠己　2018．ホームの地理学とセクシュアリティの地理学が出会うとき－近年の研究動向に関する覚書．空間・社会・地理思想 21: 29-35.
　セクシュアリティの地理学において，ホームという概念に注目した研究が増加していることを指摘し，主に2000年代以降の研究動向を整理している．

［学習課題］

「本章を参考に考えてみよう！」
　ゲイの空間やレズビアンの空間が形成される地区の特徴を整理しよう．
「興味を持った人はさらに調べてみよう！」
　性の多様性を表す旗やモニュメントに注目し，グーグルマップのストリートビューを用いて，本章で紹介した地区の景観の違いを確認しよう．

106

第9章　移民女性の組織化と「場所」の創造

　1990 年代以降，在日フィリピン人女性の定住化が進むにつれ，彼女たちの
組織化も進展してきた。本章では，彼女たちが設立する自助団体が，私的空間
としての家庭においてさまざまな問題に直面する移民女性たちを，行政などの
公的空間へとつなぐ「中間的な場所」になりうる意義や限界を議論するととも
に，私的空間／公的空間の固定化された境界線を壊す可能性をも提示する。

1. はじめに

1-1. グローバル化と「移民の時代」，そして「移民の女性化」へ

　1970 年代以降，オイルショックを機に先進国の工場施設が発展途上国へと
大規模に移転し，経済のグローバル化が進展した。それまで，高い人件費と強
い労働組合等によって硬直化した経済構造に苦しんでいた先進国の資本家たち
は，発展途上国の安い人件費と無垢な労働力を利用することで，新しい経済利
益を手に入れたのである。発展途上国の労働者にとって，そうした先進国の強
い経済力は出稼ぎ移住への誘因となった。その一方で，工場が海外に転出し，
商品企画や企業戦略などの中枢管理機能に特化した先進国の，特にグローバル
都市では，ハイクラスな高度人材と非熟練労働力の二極化した労働市場が形成
され，世界中から多様な社会階層の移民労働者を大規模に惹きつけるようにな
った（サッセン 2004）。先進国と発展途上国とのあいだに生まれた，このよ
うな経済を介した「紐帯」によって，人の国際移動もこれまでにないほど活
発化した。

　カースルズ・ミラー（2011）は，これを「移民の時代」の幕開けと称し，そ
こには主に 4 つの特徴がみられることを指摘している。すなわち，①移民が地
球上のどこであっても当たり前にみられるようになった状態（移民の地球規模
化），②移民が加速度的に急増している状態（移民の加速化），③移民のタイ

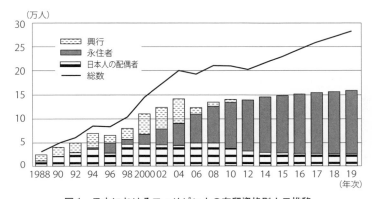

図1　日本におけるフィリピン人の在留資格別人口推移
「興行」はエンターテイナーが入国する際に取得した在留資格である．なお
「その他」の在留資格は棒グラフから省略している．

プ・出身国・目的地がさまざまである状態（移民の多様化），そして④単身女
性の出稼ぎ移動が増加している状態（移民の女性化）である．特に，これまで
は一家の大黒柱としての男性に随行する家族としてのみ移動を経験してきた女
性たちが，主体的かつ単身で出稼ぎ移住するようになったのは，グローバル化
と「移民の時代」の中心的な特徴といえよう．

　ここで日本の状況に鑑みたとき，とりわけ「移民の女性化」にもっとも当て
はまる在日外国人はフィリピン人である．というのも，1980年代以降の日本
でフィリピン人女性が急増したのは，夜のパブやスナックで働く女性たちが
「エンターテイナー」としてフィリピンから大規模に来日したからであり，少
し遅れるかたちで日本人男性との国際結婚や「永住者」[1]が増えたためである
（図1）．その結果，日本に在留するフィリピン人人口の男女比は2019年末
でおよそ3：7と，極端に女性に偏った移民社会が誕生した．こうして特定の
移民人口が大きくなれば，それらの人々による移民団体の組織化が進展するこ
とが予想される．そして通常，移民によって形成された団体は，ホスト社会に
おいて相互扶助的な活動を展開し，同胞移民のホスト社会への定住化をサポー
トする．

　そこで本章では，在日フィリピン人女性自身が組織化する「自助団体（self-
help group）」が，自らの社会的地位の向上やさまざまな問題解決のサポート

を目指すだけでなく，「私的空間としての家庭」でもなく「行政などの公的空間」でもない，移民女性にとっての「中間的な場所」として機能することの意義と可能性，またその限界を論じたい。なお本章で取り上げる事例はすべて，筆者がこれまでに調査してきた名古屋市のフィリピン人女性によって組織化された団体である。

1-2. 在日フィリピン人女性の組織化をめぐる研究動向

　日本でフィリピン人女性の組織化が進んだのは，1990 年代以降のことだとされている。たとえば石井（1995）は，1990 年代初頭の首都圏において，フィリピン人女性による団体活動が活発にみられるようになったことを報告した。ただし，その多くは友人の誕生日を祝ったり，フィリピンの伝統的なダンスを踊ったりと，文化的・社交的な活動を主とする「自己実現型」の団体であった。その一方で，時期を同じくして，単なる「自己実現型」にとどまらないフィリピン人女性団体も生まれてくる。その例が，広島県において，フィリピン人フェミニストのリサ・ゴウを中心に在日フィリピン人女性たちが展開した連帯とネットワーク化の運動である。きっかけは，フジテレビ系列で1992 年に放映された TV ドラマ『フィリッピーナを愛した男たち』のなかで，フィリピン人女性が売春婦や日本人男性を手玉にとる「したたかな女性」として描かれたことに対して抗議の声をあげたことにある（ゴウ・鄭 1999）。この社会運動は，在日フィリピン人女性が自らを鼓舞し社会的地位の向上や改善を目指したという意味で，「エンパワーメント型」の組織化であった。このように，1990 年代の日本社会においてフィリピン人女性の組織化が進んだのは，1980 年代を通じてエンターテイナーの女性が激増し，日本人男性との国際結婚による定住化が進んだことが背景にあったと考えてよい。

　他方で，2000 年代に入るとそれまでとはやや趣きのことなった団体が生まれてくる。たとえば高畑（2010）やダアノイ（2011）は，本章でも取り上げる名古屋市のフィリピン人女性団体を例にあげながら，従来の自己実現型やエンパワーメント型に加え，日本人地域社会やまちづくりへの参画を目指す団体が出現したことに注目する。ここにおいて，フィリピン人女性の組織化は新しい段階に入ったものと判断される。そこで次節では，名古屋市内のフィリピン人

女性団体の組織化の動向をまずは整理しておきたい。

2. 名古屋市におけるフィリピン人女性団体の組織化

2-1. フィリピン人団体の誕生

　名古屋市におけるフィリピン人団体の歴史を概観してみよう。筆者が文献調査や聞き取り調査で確認する限り，名古屋市でもっとも初期に立ち上げられたフィリピン人団体は，1984 年の Chubu Philippines Friendship Association（以下，CPFA）と 1985 年の Philippine Society in Japan（以下，PSJ）である。CPFA は，日本人男性と結婚したフィリピン人女性を中心に設立されたものであり，日本社会でのフィリピン・コミュニティの地位向上や日比友好を企図する団体である（ダアノイ 2011）。CPFA では，名古屋国際フェスティバルの開催を軸にしながら，文化的・社交的な活動が展開されてきた。一方の PSJ は，主に 1980年代に来日したフィリピン人エリート留学生らによって設立され，当時のフィリピンで独裁政権をしいていたフェルディナンド・マルコス大統領（在位 1965 ～ 86 年）に対抗する政治運動を目指す団体であった。かつては東京都や大阪府，埼玉県にも支部があったが，現在活動しているのは名古屋市の PSJ のみである[2]。

　上記 2 つのフィリピン人団体は，いずれも結成時期がかなり早いという共通点をもつ。1980 年代半ばといえば，エンターテイナーの来日がようやく増えはじめ，日本人男性との結婚もまだ一般的ではなかった時代である。それを考えれば，CPFA や PSJ の組織化がいかに黎明期のものであったのかということがよく理解されるだろう。この時期に来日し，かつ活動を展開できた人々は，おおよそ日本の大学に留学生として学んでいるようなエリート・フィリピン人である。したがって，名古屋市で実際にフィリピン人女性たちの手による自助団体が誕生するのは，それから 10 年以上も後のことであった。それが次に述べる FICAP Aichi から始まる新しい組織化のうねりである。

2-2. フィリピン人女性が立ち上げた自助団体

　1997 年 5 月，名古屋市中区の栄東地区に Filipina Circle for Advancement and

110

表1　2000年代以降の名古屋市におけるフィリピン人団体の組織化

団体名		活動目的	主な活動内容	活動系統			
				政	経	社	文
FICAP Aichi	1997	フィリピン人女性の支援，人権・福祉の推進，社会的地位向上が目的	危機介入，連帯，エンパワーメント，キャンペーン等	●		●	●
FMC	2000	FICAP Aichi を中心に複数のフィリピン人団体を束ねて結成された傘組織．フィリピン・コミュニティの支援が目的	危機介入，連帯，キャンペーン，エンパワーメント，コミュニティ支援，多文化共生等	●		●	●
KAFIN	2003	フィリピン人男性らによって結成された組織であり，人権・福祉，労働，相互扶助などの推進が目的	キャンペーン，勉強会	●			
MIGRANTE Nagoya	2011	フィリピンの政治団体「MIGRANTE Interantional」系列の名古屋支部として結成	勉強会，フィリピン映画上映会等	●			

［略称］
FICAP：Filipina Circle for Advancement and Progress
FMC：Filipino Migrants Center
KAFIN：Kalipunan ng mga Filipinong Nagkakaisa

政：政治的活動
経：経済的活動
社：社会的活動
文：文化・社交的活動

Progress（以下，FICAP）Aichi が設立された（表1）。FICAP Aichi は，東京都に設立された FICAP 本部の愛知県支部という位置づけであったが，支部それぞれに活動の独自性や自立性が認められていたという[3]。その当時，全国にいくつかの支部が存在してはいたものの，なかでも活発に活動を展開していたのが FICAP Aichi であった。

　愛知県支部設立のキーパーソンであるフィリピン人女性のA氏は，1992年に30歳でフィリピンから来日し，1994年に日本人男性と結婚したのち，フィリピンで習得した服飾技術を活かしながらパブで働くエンターテイナーの衣装修繕で生計を立てていた。しかし，A氏に衣装修繕を依頼してくる女性たちの身体に，夫や恋人からの暴力によってできたアザがあることに気がつく。そこでA氏は，在日フィリピン人女性の人権と社会的地位の向上を目指して，1997年に仲間たちと自助団体の FICAP Aichi を立ち上げた。

　FICAP Aichi は，2000年6月に同じ栄東地区内の別ビルへと事務所を移転し，

同年 8 月にフィリピン人男性の労働問題等を支援する諸団体と共同で，「傘組織」となる Filipino Migrants Center（以下，FMC）を設立するにいたった。女性問題だけでなく，在日フィリピン人社会全体が直面する諸問題に包括的に対処するためである。以上の経緯のもとで組織化された FMC の活動方針は，①危機介入（危機的状況に瀕した人々の救済），②提言（人権や移民の地位向上に関するキャンペーン），③他団体との連携やネットワークの形成等であり，特に重要だったのが日本人男性と結婚したフィリピン人女性のうち，①危機に直面した女性たちを救う活動であった。

　それでは，日本人男性と結婚したフィリピン人女性たちが家庭においていかなる問題を抱えていたのか，また FMC がそうした女性たちにどのような「場所」を提供してきたのかをみてみよう。

3．フィリピン人女性団体が創造する「場所」

3-1．家庭における諸問題

　以下では，筆者が 2001 年 8 月〜 11 月にかけて行ったインタビュー調査や記述式アンケート調査等の一部を用いて，日本人男性と結婚したフィリピン人女性が直面する家庭の諸問題を，「家事・育児」「在留資格」「ドメスティック・バイオレンス」の 3 点から端的に概観する。なお，氏名はすべてアルファベットで表し，年齢は調査当時のもの，●は本人の手記を日本語訳したもの，○は筆者と直接日本語で会話した内容，◇は記述式アンケート調査の回答を指す。また【　】は必要に応じて筆者が追記したものである。

①家事・育児の過度な負担

　　　　家事は私が全部しなければなりませんでした。義父母の服も私が洗濯し，かれら【義父母】の 2 人の息子の衣類まで私が洗濯しました。食事を作り，テーブルの準備をし，家の掃除をし，今はもうやっていませんが，当時はかれらの衣類にアイロンを当てることも私がさせられていました。衣類を畳むことも，かれらが食べた後片づけもしました（B，29 歳，●）。

　23 歳のときにはじめて名古屋市にやってきた B さんは，市内のパブで日本人夫と出会い，1996 年 1 月から夫婦生活をスタートさせたが，結婚当初から

同居していた夫の父母，特に姑はBさんのことを「とても嫌って」いたという。姑は，Bさんだけでなく夫にも彼女の悪口を言ったり，彼女と夫のけんかにも口を出し，「実際には何もなくなってないのに，物や何かがなくなった」とBさんに何度も言いがかりをつけている。1997年7月に長男を出産後2週間で姑によって働かされるなど，こうした関係は月日とともにエスカレートし，ついには子どもにまで影響が及ぶようになった。日本人夫やその家族全員の家事を押しつけられていたBさんは，育児についても夫はまったく関わろうとせず，それどころか子どもや夫の分の経済負担までひとりで背負わされていたという。Bさんの場合，彼女と子どもは日本人夫との家庭のなかで完全に「他者」であり，そこでは単に家事や育児が性別役割分担となっていただけでなく，自分は「家政婦以下」だったと結論づけている。

②在留資格の壁

1995年7月に結婚し，福岡市で結婚生活を送っていたC（31歳）さんは，子どもが生まれつき心臓疾患を患っていたこともあり，日常生活は仕事・病院・家庭の往復であった。しかし，日本人夫は多くの借金があったにもかかわらずパチンコに興じ，そのためCさんがパブでバンド演奏をして生活費と子どもの治療代，そして夫の借金を埋め合わせていた。「結局，夫はまだ家族をもつという責任を果たせないのだ，と思うようになりました。それは私たち2人が一緒に住むようになった最初の頃から感じていました」（●）と語るCさんは，その後別居を決意し妹の暮らす名古屋市へと働きにやってきたが，夫からときどき電話がかかってきては在留資格の更新のことで脅されているという。日本人夫と結婚した外国人女性の場合，在留資格の更新に夫の協力が不可欠なため，別居後にもCさんはそのことに不安を抱えていたのである。Cさんは「夫のせいで私の心は一時も休まることがありません」（●）と述べていた。

③ドメスティック・バイオレンスの経験

近年，日本人の家庭においても問題視されるようになってきたドメスティック・バイオレンス（以下，DV）は，フィリピン人女性たちにどのような経験をもたらしているのだろうか。なおDVには，身体的・物理的な暴力だけでなく，言葉やののしりなどによる精神的な暴力，そして合意のない強制的な性暴力も含まれる。また交際関係が終わった後の元パートナーからの暴力などもある。

　彼女のきょうだいの紹介で日本人夫（60 歳）と知り合い 1998 年に結婚した
D さん（38 歳）の場合，夫が新しいフィリピン人の恋人を作って D さんに離
婚届のサインを強要するようになった。D さんへの精神的な暴力は，D さんだ
けにとどまらずフィリピンの家族にまで及び D さんは大変なショックを受け
たが，殴られるのを恐れ抵抗はできなかったという。「奴隷のようです。はじ
めは日本人と結婚して幸せだったけれど，時間がたつといろいろ理解しなけれ
ばならないことが多くなり，合わせるのが難しくなります」（◇）と記述する
ように，日本人夫に合わせなければならない D さんとは対照的に，夫は再び
別のフィリピン人女性をパートナーに選ぼうとしており，この日本人男性とフ
ィリピン人女性とのあいだにある権力差はその後も再生産されつづけるだろ
う。
　こうした一連の出来事の背景には，フィリピン人女性に対する差別意識の存
在があるのかもしれない。インタビュー調査当時 6 歳と 4 歳の子をもつ E さ
ん（37 歳）の日本人夫は，下の子が生まれた頃から家賃以外の生活費を一切
家に入れなくなった。その夫は，家庭においてだけでなく，病院や会社など他
人の目に触れる公的空間に E さん（やその家族）と同席することを嫌がり，
その背景にはフィリピン人に対する差別意識が存在していると E さんは感じ
ている。「私，フィリピン人だから。はずかしい，思ってるみたいね。フィリ
ピン人のなにが悪い。フィリピン人，どこも悪くないよ。フィリピン人，日本
人，そんなの関係ないよ」（○）と E さんは憤慨する。
　本節で拾い上げた断片的な複数のストーリーは，フィリピン人女性たちの
「家庭」についていったい何を語っているのであろうか。家庭とは一般的に，
「経済的，精神的安定が求められ，人々の拠り所として，なごやかで暖かい」
（吉廣 1997：7）ものとしてイメージされがちである。しかしながら，「慰め
と平安を供給する最後の私的な砦」として思われた家庭は，他者からは神聖
不可侵な私的空間であるがゆえに，外から覆い隠された見えない空間となる
（上野 1990：60）。したがって，「その大切な家庭が，スィート・ホームの
言葉とは裏腹に，どこよりも危険な場所に変わってしまう場合もある」（吉廣
1997：7）ということが，移民女性への調査からもうかがえるのである。
　以上のような私的空間に隠されたフィリピン人女性たちが，その空間から逃

れ，公的空間に直接助けを求めるのは容易なことではない。なぜならば，家庭は行政や警察から見えづらいだけでなく，彼女たちが家庭の外で経済的な物質基盤（仕事や住居）を獲得したり，言語の問題もあって複雑な日本の法制度を利用するのは日本人以上に困難であり，かつ外国人として在留資格の問題にも縛られているからである。それゆえ，私的空間での問題を外部へと開き，公的空間へと接続するための助けとなるような「中間的な場所」の存在が不可欠となる。それでは，自助団体としてのFMCの実践は，移民としてのフィリピン人女性にとっていかなる「場所」を創造しうるのであろうか。

3-2. 移民女性のための「場所」

　2005年4月に事務所を隣接の東区に移転するまでのあいだ，FMCが栄東地区内の雑居ビル4階に構えていた事務所は，10畳ほどの正方形に近い1室であった（写真1と写真2）。部屋の中央には2つの長机が並べてあり，スタッフのミーティングや来所者のカウンセリングなどに使用されるとともに，カーテンとホワイトボードによって事務処理の空間とカウンセリングの空間とが仕切られていた。この部屋の一角に，衝立と本棚，カーテンによって目隠しされ，カウンセリングの空間からも事務処理の空間からも分離された1畳ほどの狭い空間があった。事務所を訪れるフィリピン人女性たちのなかには，さまざまな問題を抱えたり，精神的に不安定になり自身の問題を吐露することで感情が高ぶる女性もいることから，そういった女性が落ち着きを取り戻すための空間が

写真1　FMCの事務所が入っていたビル
　　　外観（2001年9月22日，筆者撮影）

写真2　「Crying Room」の様子
（2001年9月22日，筆者撮影）

必要なのである。前出 A 氏が「Crying Room」（泣くための部屋）と呼んでい
たこの狭い空間の中には，1 台のベッドが置かれ，寝泊りすることも可能であ
ったため，日本人夫の DV から逃れてきた女性の一時的なシェルター（避難所）
の役割も果たしていた。女性たちはここで一夜を過ごし，後日 A 氏らが行政
の提供する公的なシェルター等へと連れて行くのである。

　PSJ の代表（兼 FMC 副代表）を務めるフィリピン人男性の F 氏によれば，
フィリピン人がもし日本において問題を抱えた場合，「まずはコンフェッショ
ン（カトリック教会での告解）などをつうじて教会の神父やシスターに相談し
に行く」という。しかしながら一方で，F 氏や A 氏は「教会ではない場所」の
必要性を訴える。両氏はカトリック教会の神父やシスターが在日フィリピン人
社会にとって極めて重要な存在であることを認めながらも，移民の抱える問題
をかれらが正しく理解してくれるかどうかはつねに不安だからである。それゆ
え FICAP Aichi や FMC のような，教会に活動拠点をおかないフィリピン人自
助団体の実践が不可欠であると 2 人は口をそろえる。フィリピン人女性が働く
パブの集積地である夜の繁華街（栄東地区）に FMC が事務所を構えたのも，
そこに潜在的相談者が多く存在していたのはもちろん，宗教実践とは無関係に
誰でも気軽に集まって交遊することができ，あるいは相談を受けたり，あるい
はネットワークを形成したりすることのできる「開かれた場所」を FMC が目
指していたからである。すなわち，この自助団体の事務所は，在日フィリピン
人女性にとって私的な家庭の諸問題を選択的に発言＝共有できる場所であり，
かつ外部の他者ともつながりうる社交的な場所としても機能していたのであ
る。その意味でこの空間は，「半私的（かつ半公的）な場所」になっていたと
解釈できるのではないだろうか。たとえば，こうした場所で共有された在日フ
ィリピン人女性の家庭問題は，やがて行政の窓口や FMC 主催のフォーラムな
どを通じて日本社会へと発信され，私的空間と公的空間とが接続されることに
なる。Duncan（1996：135）も述べているように，「抵抗の重要なひとつのか
たちは，私的化された権力関係の問題を，変化を起こすために公的な場へと引
っ張ってくること」であり，「私的／公的の境界を壊し，私的化された問題を
公的な闘争のもとに開放することが，たとえ過度な国家介入を許す危険性があ
ったとしても重要」なのである。移民団体の創造する「場所」の意義をここに

読み取れるだろう。

4. おわりに

　本章で示した事例からは，自助団体が移民女性に提供する「中間的な場所」の存在が，私的空間を公的空間へと開く＝接続することに貢献しうる可能性を指摘できた。しかしながら，この事例には必然的に限界と制限も存在している。たとえば，FMC の事務所は鍵をかけずに外出することはもちろん，スタッフ不在時には開放することが原則できなかった。また，スタッフの人材不足により事務所の開所日は限られ，「いつでも開かれた」場所になっていたわけでもない。そのような意味では，家庭という私的空間で問題を抱えた在日フィリピン人女性たちが，真に自由にアクセス可能な場所を十分創造できていたとはいいがたいところもある。

　冒頭でも述べたとおり，グローバル化の進む現代世界は「移民の時代」の渦中にある。日本もそうした時代から逃れることはできず，今後も多様な国籍・地域から多様な人々が来日・定住化する可能性は高い。その際，本章で論じたような苦悩を在日移民社会が繰り返し経験する可能性もあり，自助団体が移民女性を公的空間へと接続することに果たす役割は看過できない。

　本章の事例に限界はあったにせよ，移民女性自らが自助団体を組織化し，私的空間に隠された女性たちを公的空間へと開く場所を創造してきた事例は，そのような「中間的な場所」が家庭とそれ以外の空間との間に横たわる境界線を壊す存在として，もっと広く議論されるべきであろう。

（阿部亮吾）

［注］
1）日本人男性との結婚後に，「日本人の配偶者等」から「永住者」へと在留資格を切り替えるフィリピン人女性が多い.
2）PSJ 代表の F 氏に対するインタビュー調査（2011 年 4 月 25 日）による.
3）FICAP Aichi 代表の A 氏に対するインタビュー調査（2010 年 7 月 28 日）による.

［引用文献］
石井由香 1995. 国際結婚の現状. 駒井 洋編『定住化する外国人』73-102. 明石書店.

上野千鶴子 1990.　『家父長制と資本制』岩波書店.

カースルズ，S.・ミラー，M. 著，関根政美・関根 薫監訳 2011.　『国際移民の時代（第 4 版）』名古屋大学出版会. Castles, S. and Miller, M. 2009. *The age of migration: International population movements in the modern world 4th edition.* Basingstoke: Palgrave Macmillan.

ゴウ，L.・鄭 暎惠 1999.　『私という旅－ジェンダーとレイシズムを越えて』青土社.

サッセン，S. 著，田淵太一・原田太津男・尹 春志訳 2004.　『グローバル空間の政治経済学－都市・移民・情報化』岩波書店. Sassen, S. 1998. *Globalization and its discontents.* New York: The New York Press.

ダアノイ，A. 著，稲垣紀代訳 2011. 愛知県の多文化共生過程におけるフィリピン人海外移住者の文化・政治的関与. 佐竹眞明編著『在日外国人と多文化共生－地域コミュニティの視点から』168-200. 明石書店.

高畑 幸 2010. 地域社会にみる多文化共生－名古屋市中区のフィリピン・コミュニティの試み. 加藤 剛編著『もっと知ろう！！わたしたちの隣人』146-172. 世界思想社.

吉廣紀代子 1997.　『殴る夫，逃げられない妻』青木書店.

Duncan, N. 1996. Renegotiating gender and sexuality in public and private spaces. In *Body space.* ed. N. Duncan, 127-145. London: Routledge.

［文献案内］
■阿部亮吾 2011.　『エスニシティの地理学－移民エスニック空間を問う』古今書院.
　名古屋市の中心繁華街を舞台に，1980 年代初頭から大規模かつ合法的に来日したフィリピン人女性エンターテイナーを取り巻くフィリピン・パブ空間の形成過程を，エスニシティ論の観点から分析した地理学的研究.
■上野千鶴子 1990.　『家父長制と資本制』岩波書店.
　女性を主婦や家事といった再生産労働へと追いやる家父長制が，近代資本制社会に固有の抑圧構造としていかに機能してきたのかを理論的に解明したマルクス主義フェミニズム論の基本的文献.

［学習課題］
「本章を参考に考えてみよう！」
　家庭において諸問題を抱えた移民女性たちを周囲が支援するには，どのような方法が考えられるだろうか？　またそのためには，日本社会の意識や制度がどのように変わっていかなければいけないだろうか？
［興味を持った人はさらに調べてみよう！］
　本章を読んでより深く現実を知りたくなった人は，身近な移民支援団体等にアポイントメントをとって，実際に当事者や支援者に会いに行ってみよう. メディアやインターネットで手に入るような，移民に関する表面的な知識やイメージではなく，当事者や支援者の声に耳を傾けることが大切です.

第10章　グローバル・サウスの女性労働とジェンダー

　「グローバル・サウス」という言葉の誕生を探る手掛かりは1970年代に遡る。この時期に始まる経済のグローバリゼーションは，ヒトやモノ，カネの国境を越えた移動を激増させ，従来の南北間の経済的格差という見方や一国単位での社会分析といった学問的視角を問い直すことになった。1970年代以降，発展途上国の女性たちは，国境を越えて展開する様々な経済活動に動員されてきたが，その過程は女性たちを制約する規範やジェンダー役割，個人の様々な欲求に変化をもたらし，時にその立ち位置を揺るがしてきた。本章では彼女たちの経験に注目し，現代の「グローバル・サウス」のありようを考えてみよう。

1.　グローバル・サウスとは何か

　2023年5月，広島でG7サミット（主要先進7カ国首脳会議）が開催された。テレビや新聞で大きく報道されたのは，国際政治における「グローバル・サウス」と呼ばれる国々の影響力の拡大であった。

　グローバル・サウスとは何だろうか。東京新聞の記事（木原・山田 2023）では，メディアが広く使う「南半球を中心とする新興・途上国」の説明にふれた後，グローバル・サウスを西側の民主主義諸国とロシア・中国といった権威主義国家の間で中間・中立的な立場をとる国々とする，識者らの解説を紹介している。

　東西冷戦時代，アメリカを中心とした西側諸国，ソビエト連邦を中心とした東側諸国は，多くが南半球にあった発展途上国への支援を戦略的に用いていた。独立間もない国々は，経済的・軍事的に各陣営からの援助に頼らざるを得なかった[1]。

　しかし，現在は経済成長によって自律性が増し，ロシア・中国とアメリカが対立する国際政治の中で存在感を強めるようになってきているという（木原・

山田 2023）。

　21 世紀には発展途上国の中から「新興国化」した国が増加した。G7 が世界の GDP（国内総生産）に占める割合は，1980 年の 60 ％から 2020 年には 40 ％台にまで落ち込んだ（日本経済新聞 2023）。新興国の経済成長は，日本国内でも目に見える。新型コロナウィルス感染症の大流行後，海外観光客が戻ってきた 2022 ～ 2023 年の冬，関東・信越のスキー場では，スキー・スノーボードに興じたり，雪山を背景に撮影を楽しむ東アジアや東南アジアからの観光客が多く見られた。日本の観光地で広く観察されるようになったこうした光景は，アジア各国における中間・富裕層の増加を意味する。一方，観光地の宿泊施設や空港では，ベトナムやネパール，ミャンマーなどの出身者が働く様子もあった。「南半球を中心とする新興・途上国」の経済水準は多様化しており，これらの国々の人びとが観光と労働という異なる目的で来日しているのである。

2. グローバリゼーションとはいつから始まったのか

　日本において「グローバル・サウス」という言葉が広く知られるようになったのは，前出の広島サミット開催を契機としている[2]。しかし，英語圏の研究者の間ではそれよりも前から使用されていた。たとえば，「グローバル・サウス」という言葉を含む人文社会科学の学術研究は，2004 年から 2013 年の間に 19 件から 248 件にまで増加した（Pagel et al. 2014）。2021 年の別の研究によれば，この言葉は世界政治や国際開発を理解するための概念としてここ 15 年で重要になったという（Haug 2021）。つまり，英語圏における同概念の広まりは，2000 年代半ばから 2010 年代前半と考えられる。では，この時期に「グローバル・サウス」が人文社会科学に定着したのはなぜだろうか。

　先の説明にある「新興国」という言葉に注目しよう。「新興国 Newly Emerged Economies」の Emerge には，「台頭する，貧困や困難から抜け出す」などの意味がある。つまり，新興国とは，経済水準が低く困難な状態－発展途上国という段階－から近年になって経済成長を通じ台頭してきた国，と言えるだろう。

　この言葉が広く使われるようになったのは，IMF（国際通貨基金）による

2010年報告書での世界経済の3分類ー「先進経済」（30カ国・地域），「新興経済」（25カ国），「発展途上経済」（126カ国）を端緒とする（末廣2014）。「新興国」概念の登場と「グローバル・サウス」という言葉の広まりは同時期と言える。実際，グローバル・サウス概念が生まれた経緯は，1990年代の冷戦終結と世界の経済成長の拠点が欧米の外に移ったことと関連する（Pagel et al. 2014）。

　しかし，「新興国」に類似した言葉は以前からあり，すでに1979年には新興工業国 New Industrial Countries ／ NICS[3] というカテゴリーが登場している（末廣2014）。1970年代に経済のグローバリゼーションが始まったことで，「南半球を中心とする発展途上国」の間から突出して成長する国々が現れたのである。

2-1. 南北問題と資本主義世界経済

　南北問題とは，南半球を中心とした発展途上国と北半球を中心とした先進工業国の間に存在する経済的格差に関わる諸問題全般を指す。東西冷戦下の1950年代において，西側諸国と東側諸国の対立に加え，世界が直面するもう1つの問題として取り上げられるようになった。

　格差の端緒は植民地支配の時代にまで遡る。従来の社会科学のように一国単位で経済や社会を捉えるのではなく，「世界」というスケールで不平等のダイナミズムを捉えたイマニュエル・ウォーラーステインの近代世界システム論によれば，現在の世界＝資本主義世界経済[4] は15世紀末に北西ヨーロッパを中核，東欧やカリブ海地域を周辺とし，当初からグローバルなものとして成立した。この理論を使うと「北」と「南」は，中核と周辺という語で表現できる。先進的な技術や高水準の賃金などの特徴が支配的な地帯が中核，低水準の技術・賃金などの特徴を持つ地帯が周辺，さらに両者の間に半周辺がある（ウォーラーステイン1987）。たとえば，オランダやイギリスは世界の商業や金融，工業生産の中心地として栄えるが，東欧やカリブ海地域は前者に原材料・食料を供給する基地と化す。前者の生産は高技能の自由な労働者によって，後者の生産は奴隷や農奴などの不自由労働者によって支えられる（ウォーラーステイン1987）。

　資本主義世界経済はその「外部」の社会経済や自然，文化などあらゆるものを植民地化や市場の開放によって変質させ，周辺として組み込み，地球を覆いつくしていった。中核は工業化を進め，広範な賃労働の普及と富裕化，福祉国家の成立を経験した。南半球にある熱帯・亜熱帯の地域には，広大な土地や労働力，北半球の温帯にはない植物や鉱産物が存在した。これらは植民地化を通して無償の／安価な資源とされ，中核向けの商品生産を行う生産・輸出基地と化した。中核で生産された工業製品の市場ともなり，多くの在来の手工業が衰退した。このように中核と周辺の間で工業と第一次産業の分業を行う体制を「古典的国際分業」と呼ぶ。

　第二次世界大戦後から1950年代になると，植民地は次々に政治的に独立した。しかし，経済面では農鉱産物の輸出地としての性格を強め，不平等な交易条件下で中核に対し従属的な地位に置かれることになった。戦後から約20年，中核は資本主義が始まって以来の好景気を迎え，男性正規労働者を中心に賃金も上昇した。このような経済成長は，女性たちの家庭内の無償労働や，石油など安価な資源を中核に供給する周辺からの収奪に支えられていた。

2-2. 新国際分業と経済のグローバリゼーション

　上述の時代は，1970年代にはじまる世界経済の再編に伴い終わりを告げた。周辺の中から半周辺へ「昇格」する国々が現れるようになったのである。1973年の石油危機を機に，原油価格は急激に上昇，中東の産油国は富裕化し，中核の製造業は周辺に生産拠点を移し始めた（生産の国際化）。製造工程は分割され，労賃や輸送，政府からの支援など，生産する上で最も条件が良い場所に配置されていった。中核は低成長に陥り男性正規労働の割合は縮小し，女性のパートタイマーなど非正規労働が拡大した。そして半周辺化した地域には，労働規制や税制が緩和された輸出加工区・経済特区が設置されていった。そこに集まった中核資本の工場では，衣類や電子・電気製品の部品や半製品がつくられた。国境を越えて配置された各工程で組み立てられていった最終完成品は，中核の消費者向けに安価で輸出されることになる。こうした体制を「新国際分業」と呼ぶ。

　フォルカー・フレーベルは，次の3条件があわさり，従来の国際分業に大き

な変化を引き起こしたと論じる。第1に，世界規模での無尽蔵の潜在的労働力のプール（貯水池）の形成である。「緑の革命」[5]などを背景に，農村から都市への流出人口が増大し，資本はこれを使い勝手の良い労働力として低賃金で利用できるようになった。第2に，未熟練労働者が従事可能な水準にまで生産工程の単純化・細分化が可能になったこと。第3に，世界中に散らばった各工程や消費地の間の距離を縮める交通・情報通信技術が発展したことである（フレーベル 1991）。あらたな工場労働力として動員されたのは，従来は大半が自家消費用の作物栽培などの生存維持領域で働いていた女性，特に若い女性たちだった。

2-3. 工場の女性労働者

　工場は，なぜ若い女性を雇ったのだろうか。まず，女性たちは電子部品の組み立てや縫製など細かな作業を行うのに向いた，敏捷な手先を持っている（と考えられた）。家庭内で教わった伝統的な裁縫で培った「器用な指先」を持つので訓練コストがかからない（エルソン・ピアソン 2002）。さらに，労働組合に守られた中核の男性熟練労働者に比べ，従順で扱いやすいとされた。彼女たちは安い物価や生活水準を背景に低賃金で雇用され，熟練化を求められない単純工程に置かれた。ゆえに技能は向上せず，労働組合に組織化されていないので雇用主と交渉もできない，数年の使い捨て労働力として扱われたのである（フレーベル 1991）。

　使い捨て労働力とみなされた女性たちの多くは，商品作物の生産や「緑の革命」の浸透などの変化によって現金の必要性が増した生家の家計を助けるため，農村から働きに出た者たちであった。次節でも触れるが，都市の生活様式への憧れや伝統的な村の規範から逃れたいという希望もあったろう。工場以外にも働き口はあった。しかし，農村出身の貧しい女性たちが選択可能な職の典型と言えば，住み込みメイドや小商業の売り子など，工場よりさらに報酬の低い仕事だった。工場の女性たちが数年間で仕事を失うと，多くがこうした不安定就労に入っていくことになったのである。

3. インフォーマルな経済活動とジェンダー

　農村の余剰人口は，その国が産業化に成功し，十分な雇用をつくりだせるのであれば工業労働力として吸収されていくはずである。しかし，輸出志向工業化路線をとった国の多くは，国内農村を由来とする貧困人口の問題を抱えてきた。

3-1. インフォーマル就労とはなにか

　「南」の都市の就労構造は，行商人・露天商，家事労働者，廃品回収人，交通労働者など，多数の不安定就労者の存在により特徴づけられてきた。これをインフォーマルな経済活動と呼ぶ[6]。こうした経済活動は新国際分業成立以前から南の大都市を特徴づけるものであり，当初は国家が統制する「北」の経済とは対照的な，南の貧困層の統制されていない経済活動を指していた（Hart 2006）。南の都市の形成は，農村の過剰人口と都市への労働移動の文脈で考えられてきた。

　経済活動が統制されていないということは，働く人の安全や福祉，労働環境，税制などの活動に関わる様々な制度上の基準が保障されていないことを意味する。実際，インフォーマル就労者は，フォーマル就労者より貧困割合が高く，教育や適切な住宅，衛生，労働環境を得にくい（Chen 2016）。

　もっとも，インフォーマル就労者のそうした状況は多様で階層性がある。頂点には利潤追求志向の企業家が，底辺には自己と世帯成員の生存維持を目的とした生業を行う層や家族の商売を無償で手伝う層が存在する。そして，この階層性はジェンダー化されている。女性は男性より下請けや無償家族労働に従事し，作業場・工場よりも自宅や路上で働き，より単調な仕事を割り当てられがちであり，女性の多くが男性より報酬が低く周辺化されているのである（Chen 2016）。

3-2. インフォーマル就労と国際労働移動

　サスキア・サッセンは，外国資本による周辺の工業化とインフォーマル就

労，国境を越えた移民創出のメカニズムに関連して，次のように論じる。輸出加工区の工場の女性たちは，年齢差別や精神的・肉体的疲労により，おおよそ数年間で仕事を失い，伝統的規範が強い農村に戻ってももはや溶け込めない。都市部において西側の消費文化の洗礼を受けているからである（サッセン1992）。

　発展途上国では，1960年代頃から広告を用いて欧米の消費スタイルが喧伝^{けんでん}されようになり，東南アジアでも農村やスラムにおける急速なテレビの普及，工場の女性たちの外見の変化など，消費に価値を置く考え方の浸透が顕著になった（平川1995）。女性たちは，仕事を失っても都会の環境に慣れてしまったため故郷への適応は困難となり，都市に留まる不安定就労層にならざるをえない[7]。サッセンはこのような都市の不安定就労層の中から，現実的な選択肢として国境を越える移民が潜在的に生まれると論じた（サッセン1992）。こうした消費への欲求や自由への希求もまた，移動の動機付けになるのである[8]（平川1995）。

　一方，中核では，1980年代からニューヨーク，ロンドン，東京などをはじめ特定の都市の経済成長が著しくなった。サッセンによれば，国境を越えた生産ネットワークを管理する多国籍企業本部や国際金融，不動産，広告，法務，会計，情報・通信といった対企業サービス業が集まる，グローバル都市と呼ばれるこれらの都市では，階層が二極化する。中間層は縮小し，成長部門で働く高給の専門サービス労働者が現れる。低賃金・低報酬のサービス労働者も増加する。後者のサービス労働者は前者の消費を満たすための飲食店や服飾店の仕事，家事サービスなどのほか，清掃をはじめ対企業サービス業の低賃金職種などから構成される。こうした低収入のサービス労働は移民や女性が担うが，その存在自体が国際金融などと同様，グローバル経済にとって必須のインフラだとサッセンは言う（サッセン2004）。

　中核からの資本の進出が周辺からの労働力移動を引き起こし，世界経済の中枢を担うグローバル都市を底辺から支えている（サッセン1992，2004）。中核と周辺の関係は南北の地理的枠組みではもはや捉えきれず，中核の中に周辺／半周辺がつくりだされ，それに伴い階層関係も複雑化し，国境を越えた形で編成されるようになった。

　「南」という語には，ローカルなシステムや政治によって自由を奪われ特定の権利や機会から排除されてきたもの（もしくはグループ）という言外の意味がある（Pagel et al. 2014）。グローバル・サウス／ノースのありようと，地理的な南／北半球との対応関係はますますはっきりしないものになりつつある。とはいえ，対応関係がまったくなくなったわけでもない。このことは，近年，各地で広がる移民・難民の波と，それを押しとどめようとする各国家の国境・入国管理の厳格化などからも窺えるだろう。

4.　「グローバル・サウス」の女性たちの葛藤

　さて，東南アジアでは既に 1970 年代に，タイやマレーシアなどいくつかの国々が輸出向製造業による開発路線をとっていた。1985 年のプラザ合意[9]後には，日本やアジア NIES の企業による東南アジアへの進出が加速化した。この時期，アジア諸国から，クラブやパブといった飲食店での接客や歌・踊りなどに従事するエンターテイナーや，国際結婚などの形で日本へ向かう女性たちが急増していった。
　大半が製造業による開発戦略を選んできた東南アジアの国々の中で，少し変わった立ち位置にあるのがフィリピンである。1970 年代，フィリピンは輸出志向工業化路線をとっていたがうまくいかなかった。石油危機の影響もある中，国はオイルマネーで建設ブームに沸く中東への出稼ぎを中心に，一時的対策として海外就労を導入した（小ヶ谷 2016）。しかし，その後も輸出向製造業や外国直接投資の規模はタイなどに比べ低水準に留まった。プラザ合意後も，政情不安，債務支払いによる財源不足，インフラの貧弱さなどから日系企業の進出ラッシュの恩恵を受けられなかったのである（Bello et al. 2004）。
　1980 年代後半にシンガポールや香港，日本といった東アジア諸国でサービス経済化が生じると，女性たちも家事労働者やエンターテイナーとして働きに出るようになった。女性の職は再生産役割の延長上にあり，多くが家事労働などのサービス労働である（小ヶ谷 2016）。「一時的対策」として導入した海外就労は，多くの人権問題を浮上させつつ規定路線化した。国家は海外就労者を外貨を稼ぐ「現代の英雄」として称揚し，送り出し政策を進めていった（小

ヶ谷 2016）。

　フィリピンでは相当数の人口がインフォーマル就労者として生計を立ててきた。その最大の集積地が首都・マニラである。マニラは 2020 年に人口 1,300 万人を抱えた大都市で，フィリピンの政治経済の中心地である。マニラとその周辺は，海外移民の最大送り出し地域であり，輸出産業の最大拠点でもある。

　戦後から 1990 年代までのマニラの人口増加は，現金経済の浸透や自然災害，国内の紛争などによって国内の農村を出た人びとによるものである。農村にルーツを持つ人びとの多くは，国家の規制や制度的枠組みの外に生活を形づくらざるを得なかった。たとえば，労働面においてはインフォーマルな経済活動への従事，居住面では川土手や線路脇など都市のわずかな空間や未利用地に非計画的な居住空間（インフォーマル居住区）を築くことによって生活を成り立たせてきた。

　しかし，伝統的なインフォーマル就労を中心としたマニラの就労構造は，2000 年代に入り変化した。フィリピンは 2000 年代半ば以降，おおよそ年率 5 〜 7 ％という経済の高成長を経験した。中間層も徐々に増えつつある（太田 2021）。2 節で紹介した IMF 報告書でもフィリピンは「新興国」に分類された（末廣 2014）。変化の背景にあるのが，海外移民の送金とそれに伴う個人消費の伸び，英語力を生かしたコールセンターなどの BPO（ビジネス・プロセス・アウトソーシング）産業という新たな外貨獲得源，すなわち第二の「現代の英雄」の登場である。

4-1．コールセンター産業－新しい経済の柱－

　アメリカでは電話業務は伝統的に女性が担ってきた（Padios 2018）。しかし，公共部門の縮小や通話料金の低下，企業再編，インターネット普及などにともない，1990 年代後半から 2000 年代にはインドなど遠方の労働コストが低い国々への委託が進んだ（Padios 2018 ; Sallaz 2019）。アメリカによる植民地支配の影響で英語が広く使われるフィリピンもそのひとつである。

　コールセンター産業の最大拠点はマニラである。マニラに集中する高等教育機関は，大量の人口をこの都市に引きつけるとともに，英語運用能力を有した若者を国内外の労働市場に送り出してきた。こうした潤沢な労働力の存在が

数多くのアウトソーシング企業を海外から引き付けてきた。2010 年にはインドを抜き，フィリピンは全世界のコールセンターの「首都」となった（Sallaz 2019）。

　コールセンター産業は，フィリピン女性が一定水準の収入を海外就労以外で稼ぐ機会をつくった。その報酬は女性の給与としては高額で，全産業の平均程度にあたる（堀 2020）。また，その仕事は多くの大衆（タガログ語で Masa と言う）が担ってきた伝統的インフォーマル就労の典型的環境（空調がなく暑気や排ガスなどのリスクに曝されている）とはまったく異なる。一定の英語力や PC スキルが必要で，大半の就労者が大学入学以上の教育水準である。仕事は大企業が集中するビジネス地区のオフィスで行われる。周囲には多国籍企業の現地会社・支店，国際機関，コンドミニアム，洒落た飲食店やグローバル・ノースではよく見かけるブランド店舗が立ち並ぶショッピングモールなどがあり，こうした地区にいると，ここがグローバル・サウスであるという感覚がなくなってしまう。

　他方でコールセンター労働は「デッドエンドジョブ」とも呼ばれてきた。その職種の多くは統計上「事務職」であり，これを職業面での中間層と見ることも可能である（太田 2021）。しかし，事務職は中間層職種の中でも威信が低い，「周辺的中間層」（Kimura 2003）である。Soriano・Cabañes（2020）は，この周辺的中間層の概念をもとに，グローバル・ノースにおける威信の低い職に就くことを marginal middle-classness とした。これらは主にコールセンターなど，技能水準が低く長期的展望が立ちにくい仕事だが，高学歴の若者が担っている外国向けの仕事である（Soriano・Cabañes 2020）。

　Fabros（2016）は，コールセンター労働を「ミドルクラスのアイデンティティとホワイトカラーとしてのイメージの構築，そしてブルーカラー／労働者階級の労働環境の融合」と表現する。労働者は国境を超えて経済活動を展開する企業の最前線で働き，かつ外国の顧客を相手にしている。職場はハイテクで気取った環境である。給料も良い。しかし実際の仕事は，まるで工場の生産ラインのように設計されている（Fabros 2016）。

　コールセンター産業の立ち位置は，その労働集約性と，労働者に占める女性の多さ，工場労働のように規格化された口上・動作，モニタリングを行う点，

オフィスが国からの様々な税制優遇を受ける場所にあるなど，輸出加工区の製造業と似ている。時に労働者の消費への耽溺（たんでき）が指摘される点も同様である。実際それは，新国際分業の最新形態であるのだ。

　フィリピン国内のコールセンターでは，アメリカをはじめ「グローバル・ノース」からの発信を受けており，コールセンター労働者の多くが時差による生活リズム改変やアメリカ式の発音習得を求められる。また，電話を受けた途端にアメリカ人と話したいと言われるなど，人種差別的な対応を受けることも多い。コールセンター労働者たちは，アメリカのコールセンターの海外移転や雇用喪失と，同国からの発信者の敵対的態度が関係すると考えている（Fabros 2016）。グローバル・サウスのコールセンターの仕事は，従来の一国内の階層関係では考えにくい場面を生み出す。つまり，グローバル・ノースでは「見込みのない仕事」とされる労働に，大学教育を受けたグローバル・サウスの労働者が従事して，アメリカの庶民の発信者に応対するという場面だ。自分より学歴や地位が「下」と思われる者から酷い扱いを受けることもある。ミドルクラス出身のフィリピン人は，グローバリゼーションの中でこうした状況に遭遇し，地位や卓越性が脅かされる（Fabros 2016）。このように階層上の自己認識が問い直される場面は，海外の対人サービス労働で働くフィリピン人にも見られる。ローマやロサンゼルスのフィリピン人家事労働者を分析したラセル・パレーニャスよると，その多くは学歴が比較的高いため，「矛盾した階級移動」を経験する。移動に伴い母国で得るより多くを稼ぐが，家事労働者の威信は低く，社会的地位は下降する。また，パレーニャスは単調な仕事が自分たちを「愚鈍に」するという当事者の語りも明らかにしている（Parreñas 2001a）。

　もっともコールセンター労働者の多くは"大衆"出身であり，その典型は女性の稼ぎ手である（Sallaz 2019）。コールセンター労働者が受け取る給与額の意味は出身階層で異なってくる。裕福な親に扶養された新卒の若者なら，最新のデジタル製品や服飾などの消費に金を回すことができるだろう（Padios 2018）。こうした家庭やエリート大の出身者は英語力やアクセントからコールセンター産業に理想的と思えるが，働く動機付けが弱いとの指摘もある（Padios 2018; Sallaz 2019）。より低い階層の出身ならどうか。持ち家はなく家族に安定した職があるとも限らない。自分が親族の中で最初の大卒者かもし

れない。すると年下のきょうだいや親族の学費を負担することになる可能性も高いだろう。経済負担は甚大である。実際にそのようなコールセンター労働者は多いのだ（Sallaz 2019）。

4-2. 上昇移動への挑戦と葛藤

　フィリピンでは息子より娘の経済的貢献への期待が高く，女性の労働移動も活発である（Trager 1984）。主たる稼ぎ手は夫とされ，結婚後の女性の就労は副次的なものとみなされるが，女性は海外就労などで実質的な稼ぎ手となっていることも多い（小ヶ谷 2016；Parreñas 2001b）。海外就労により家族の物質的充足を図ることは，個人の願望達成や母親役割を果たすことと引き換えであり，こうした行為は自らの犠牲を厭わず家族を世話する，伝統的なフィリピン女性像と結び付けられ正当化されてきた（Mckay 2007）。だが，彼女たちの貢献は時に期待通りには運ばないこともある（太田 2021）。

　以下では，マニラの港町にある M 地区の女性たちの仕事の経験や性別役割分業の在り方を見てみよう。本項における以下の記述は，太田（2021）に基づくものであるが，一部補足的にデータを追加している。M 地区は 1000 家族[10]ほどが居住するインフォーマル居住区である。脆弱な家屋が集まり，水はけが悪く雨季には道が浸水する。密集しているので火災のリスクも高い。2007 年の世帯調査では，多くの就労者がインフォーマルな仕事に従事し，そのため収入・稼働時間ともに不安定な状況にあった。主な就労先は水産・運輸・交通関連の仕事－水産加工品の製造や販売，漁業企業の被雇用者，船員，サイドカー運転手などである。これらの大半は男性の雇用が中心である。女性の雇用機会は稀少で，就労者の多くが雑貨屋や軽食売りなどの小商業に従事する。筆者の調査に回答した大半が農村出身で，女性の多くはメイドや工場労働者の就労経験があった。

　近年，M 地区のある港町では若年層の高学歴化が進んだ。特に女性の高等教育就学率や就業率が顕著に上昇し，海外就労人口も拡大した。地区内では高等教育を受け，上述のような従来からの主流の仕事に比べ稼ぎの良い海外就労や BPO などの職に就く女性も現れるようになった。マニラ全体では女性を中心に大卒者や職業上の中間層が拡大しているが，所得面での改善は大きくはな

い。それゆえ，中間層の職に就いたとしても居住面での上昇にすぐにつながる
わけではないので，インフォーマル居住区に暮らさざるをえない。

　筆者が 2015 年にインタビューした A さんの個人史を振り返ってみよう（太
田 2021）。1980 年代後半生まれの A さんは理学療法士資格を持つ女性である。
A さんは 5 年制大学を出てその資格を得たが，理学療法士としての安定した仕
事が見つからず，外資系製薬会社の営業として働くことになった。その後，中
東産油国の病院で理学療法士の仕事を得て働き，同じ国で同時期に就労してい
たフィリピン人男性と結婚した。二人ともそれぞれの生家に仕送りをし，親族
の教育や生活を助けた。やがて子どもが生まれると夫と昼夜交代で面倒を見
た。

　海外就労中 A さんは貯金ができず，退職時にまとまった金額をもらい初め
て貯金が出来たという。なぜなら，いとこの大学の学費を出していたからであ
る。しかし，そのいとこは子どもができて大学を辞めた。製薬会社で働いてい
る間にも別のいとこの学費を出したが，ボーイフレンドのために中途退学し
た。A さんは，いとこが下のきょうだいを助けることを期待したが，そうはな
らなかった。助けた親族が働き手になり，また別の親族を助けるというわけに
はいかなかったのである。

　A さんは海外では 4 年間働き，帰国後にはコールセンターに勤務した。体内
時計の変調による体調不良や通退勤時のリスクのため，就労当初から健康保険
に入った。勤務の間，夫は家で子どもの世話をしていたが，数カ月後に夫が医
療機器修理の職を見つけると，A さんは退職した。家族と過ごすことを優先し
たのである。代わりに時間の都合がつきやすい医療機器病院営業を始めた。母
親も同居し，家事や育児を手伝っているが，週のうち 3 日はマニラの高級住宅
地にある一般家庭に住み込みで介護や家事手伝いの仕事をしている。

　火災の発生などインフォーマル居住区の災害リスクの高い環境は，中間層の
住民を地区外の住宅購入に駆り立てる。A さんの自宅は母親のもので，元は木
造だったが，A さん夫婦が改築して頑健な建物になった。それでも生活環境や
災害リスクのことを考えると，いずれ地区の外に家を買いたいと思っている。

5. おわりに

　1970 年代に始まる経済のグローバリゼーションを機に，資本主義は「南」のローカルな社会経済のより深部にまで浸透するようになった。農村に暮らしていた南の人びとの生活は激変し，あらゆる領域において貨幣や商品に依存する度合いが強まっていった。農村を離れた人びとは，都市部の工場やインフォーマル就労，そして国際移住へと向かっていった。グローバルに再編された南と北は，地理的な南北の別や一国の枠組みからますます解き放たれつつある。

　サッセン（2004）は，経済のグローバリゼーションによって，国家や資本，世帯はその生き残りを女性にかけるようになってきていると論じた。フィリピンにおけるその典型は，経済開発の不振が続く中で広まった女性による海外就労・送金であった。コールセンター産業をはじめとする BPO 産業は，海外送金に次ぐフィリピン経済の第 2 の柱であり，GDP に占める生産額割合では海外送金を超すことが予測されている。海外就労も BPO 産業も就労人口に占める女性の割合が高い部門である。いまやフィリピンの低所得世帯の上昇移動は，海外就労や BPO などの中間層職種で働く高学歴女性による貢献にかかっていると言っても過言ではない（太田 2021）。

　グローバル・サウスの女性たちの就労は，ローカルなジェンダー規範との衝突や交渉，強化を伴うものだった。フィリピンにおいてかねてからあった「孝行娘」や「献身的な母親」像は，現在も働く女性たちを方向づけている。その影響力は近年の女性の就労拡大とともに一層強くなっているのかもしれない。こうした中で個人的な達成や欲求の充足，幸福を女性がどのようにして見つけていくのか。その問題は，依然として新世代の女性たちの前に立ち現れているのである。

（太田麻希子）

［注］
1）これらの国には中立の立場をとる動きもあり，そこから「第三世界」「非同盟国」という言葉も生まれた．
2）たとえば朝日新聞クロスサーチ（2023 年 8 月 20 日検索）によれば，「グローバル・

サウス」のキーワードで見つかった記事 142 件のうち，135 件が 2023 年 1 月以降のものだった（朝日新聞クロスサーチ，https://xsearch.asahi.com）．

3）韓国，台湾，香港，シンガポールのほか，中米および南欧・東欧の数カ国を含む．1980 年代になると，これらの国々の中で工業部門による経済成長を続けていたアジア NICs が，NIES/Newly Industrial Economies（新興工業経済群）と呼ばれるようになった．

4）資本主義政治経済（＝近代世界システム）は，極大利潤の実現を目指した市場での販売向け生産を特徴とした，単一の経済分業のネットワークにより成り立つ．同システムの内部には賃労働のほか，資本主義にとって従来は異質なものとされてきた様々な労働（不払い労働含む）や，種々の政治形態の国家が含まれる（ウォーラーステイン 1987）．

5）戦後の農業技術革新と「南」へのその導入過程を指す．伝統農法に代わり商品化された多量の投入財を使う近代農法が拡大し，経済的負担から離農が進んだ．

6）ILO はインフォーマル経済を「法または実務において公式の取り決めが適用されていないか，あるいは不十分に適用されている労働者と経済単位による全ての経済活動」としている（不正な活動は除外）（ILO 2017: 11）．

7）なかには性産業へ行きつく者も稀ではなかった（平川 1995）．東南アジアではベトナム戦争期に増加した駐留米軍や 1980 年代の日系企業の進出下で，観光・娯楽産業（性産業も含む）が成長した．

8）移動の動機として，本人の希望と義務意識は並列しうる．たとえば小ヶ谷は，海外就労のフィリピン女性が「親孝行な娘」など伝統規範を戦略的に用いて移住労働を正当化していることを明らかにし，移住労働により従来の規範は解体するのではなく，変質，時に強化を経て持続しているとした（小ヶ谷 2016）．

9）主要 5 カ国（G5）間で交わされた為替レート介入に関する合意のこと．急激な円高・ドル安で日本の製造業生産の海外移転が加速した．

10）家主である家族の数．借家人や寄留者を含めるとより多数になる．

［引用文献］

ウォーラーステイン，I. 著，藤瀬浩司ほか訳 1987．『資本主義世界経済 I －中核と周辺の不平等』名古屋大学出版会．Wallerstein, I. 1979. *The Capitalist World Economy*. Cambridge : Cambridge University Press.

エルソン，D.・ピアソン，R. 著，神谷浩夫訳 2002．「器用な指先が安い労働者を生み出す」のだろうか？　神谷浩夫編監訳『ジェンダーの地理学』218-244．古今書院．Elson, D. and Pearson, R. 1981. 'Nimble Fingers Make Cheap Workers': An Analysis of Women's Employment in Third World Export Manufacturing. *Feminist Review* 7(1): 87-107.

太田麻希子 2021．マニラのスクオッター集落における高学歴女性就労者．日本都市社会学会年報 39：23-39．

小ヶ谷千穂 2016．『移動を生きる－フィリピン移住女性と複数のモビリティ』有信堂．

木原育子・山田祐一郎 2023．「グローバルサウス」って何．東京新聞 2023 年 5 月 18 日，20-21 面．

サッセン, S. 著，森田桐郎ほか訳 1992.『労働と資本の国際移動－世界都市と移民労働者』岩波書店. Sassen, S. 1988. *The Mobility of Labor and Capital: A Study in International Investment and Labor Flow*. Cambridge: Cambridge University Press.

サッセン, S. 著，田淵太一ほか訳 2004.『グローバル空間の政治経済学－都市・移民・情報化』岩波書店. Sassen, S. 1998. *Globalization and its discontents*. New York: The New Press.

末廣 昭 2014.『新興アジア経済論－キャッチアップを超えて』岩波書店.

フレーベル, F. 著，原田太津男訳 1991. 世界経済の今日的発展－世界的規模での労働力再生産と資本蓄積. ウォーラーステイン, I. 編，山田鋭夫ほか訳.『世界システム 1 －ワールド・エコノミー』97-153. 藤原書店. Fröbel, F. 1982. The Current Development of the World-Economy: Reproduction of Labor and Accumulation of Capital on a World Scale. *Review* 5(4): 507-555.

平川 均 1995. 農村から都市へ・都市から外国へ－アジアの開発と労働力移動. 森田桐郎編『国際労働移動と外国人労働者』137-172. 同文館.

堀 芳枝 2020. フィリピンにおける IT-BPO 産業の成長と女性の働き方の選択.『経済社会とジェンダー』(5) 4-28.

日本経済新聞，2023. 5 月 19 日，24 面.

Bello, W., Docena, H., de Guzman, M., and Marylou Malig. 2004. *The Anti-Development State: The Political Economy of Permanent Crisis in the Philippines*. Diliman, Quezon City: Department of Sociology, College of Social Sciences and Philosophy, University of the Philippines Diliman and Focus on the Global South: A Program of Development Policy Research, Analysis and Action.

Chen, M.A. 2016. The Informal Economy: Recent Trends, Future, Directions. *A Journal of Environmental and Occupational Health Policy* 26(2): 155-172.

Fabros, A. 2016. *Outsourceable Selves: An ethnography of call center work in a global economy of signs and selves*. Manila: Ateneo de Manila University Press.

Hart, K. 2006. Bureaucratic form and the informal economy. In *Linking the Formal and Informal Economy: Concepts and Policies*, eds. B. Guha-Khasobis, R. Kanbur and E. Ostrom, 21-35. New York: Oxford University Press.

Haug, S. 2021. A Thirdspace approach to the 'Global South': insights from the margins of a popular category. *Third World Quarterly* 42(9): 2018-2038.

ILO. 2017. Transition from the Informal to the Formal Economy Recommendation, 2015 (No. 204) Workers' Guide.

Kimura, M. 2003. The emergence of the middle classes and political change in the Philippines. *The Developing Economies* 41(2): 264-284.

Padios, J. M. 2018. *A Nation on the Line: Call Centers as Postcolonial Predicaments in the Philippines*. North Carolina: Duke University Press.

McKay, D. 2007. Identities in a Culture of Circulation: Performing Selves in Filipina Migration. In *Asian and Pacific Cosmopolitans*. ed. K. Robinson, 190-208 New York: Palgrave Macmillan.

Pagel, H., Ranke, K., Hempel, F. and Jonas Köhler. 2014. The use of the concept "Global South" in Social Science & Humanities. Presented at the symposium "Globaler Süden / Global South: Kritische Perspektiven", Institut für Asien- & Afrikawissenschaften, Humboldt-Universität zu Berlin, July 11, 2014. Downloaded from http://www.academia.edu (last accessed 5 August 2023).

Parreñas, R. S. 2001a. *Servants of Globalization: Women, Migration and Domestic Work.* Stanford, Carif: Stanford University Press.

Parreñas, R. S. 2001b. Mothering from a Distance: Emotions, Gender, and Intergenerational Relations in Filipino Transnational Families. *Feminist Studies* 27(2) : 361-390.

Sallaz, J. S. 2019. *Lives on the Line: How the Philippines became the World's Call Center Capital.* New York: Oxford University Press.

Soriano, C. R. and Cabañes, J. V. 2020. Between "World Class Work" and "Proletarianized Labor": Digital Labor Imaginaries in the Global South. In *The Routledge Companion to Media and Class,* eds. E. Polson, L. S. Clark, and R. Gajjala, 213-226. New York: Routledge.

Trager, L. 1984. Family strategies and the migration of women: migrants to dagupancity, Philippines. *International Migration Review* 18(4): 1264-1277.

UN-Habitat. 2003. The Challenge of slums: global report on human settlements 2003.

［文献案内］
■ウォーラーステイン，I. 著，川北 稔訳 2022.『史的システムとしての資本主義』岩波文庫.
　近代世界システム論のエッセンスが凝縮された本. 資本主義というシステムの根幹にはいったい何があるのか. 壮大な理論に挑戦したい人に.
■太田麻希子 2021. 「マニラのスクオッター集落における高学歴女性就労者」日本都市社会学会年報（39）: 23-39.
　マニラのインフォーマル居住区の高学歴女性の就労と，その世帯・親族関係への含意を考察した論文. 本章後半の背景を深く知りたい人に.

［学習課題］
「本章を参考に考えてみよう！」
　本章で紹介した，フィリピン女性たちが行ってきた仕事に共通する点があるとすれば何だろう，考えてみよう.
「興味を持った人はさらに調べてみよう！」
　OECD 開発援助委員会リスト（政府開発援助の受取国リスト）をインターネットで探してみよう. DAC List, 西暦年などで検索すると良い. リストでは，上位中所得国，下位中所得国，後発開発途上国というように，所得水準に基づいて各国が分けられている. 特定の地域を決め，その中の国々のグループ分けについて，ここ 20〜30 年間の変化を調べ，なぜそうなったのかを考えてみよう.

第11章　異なる場所の異なる声をきく
－開発とジェンダー－

　より良い社会の実現を目指して行われる「開発」は多面的な現象である。それを理解し，推し進めるためにはジェンダーの視点が不可欠である。「開発とジェンダー」という学際的な領域はもともと開発途上国の経済発展を目指す国際援助の分野に端を発しており，初期のフェミニスト地理学者は「第三世界の女性」研究を通して，この領域に関わってきた。そして，フェミニスト理論の発展とともに，「第三世界の女性」を取り巻く日常の複雑性・多様性を誰がいかに捉えるのかという点が課題となった。これに対して，現代のフェミニスト地理学は「状況化された知」という概念とそれをもたらす場所の重要性を足がかりにして取り組んでいる。本章では南太平洋のサモア独立国を取り上げ，フェミニスト地理学と「開発とジェンダー」の交差点について考えていく。

1. 「開発とジェンダー」とフェミニスト地理学

　「開発（development）」とは，広く捉えると，より良い社会の実現を目指して行われるあらゆる活動を意味する。その思想自体は資本主義の発展と深く関わっており，第二次世界大戦前からみられる。大戦後，多くの植民地は東西冷戦という新たな世界秩序の中で独立をはたし，先進諸国や国際諸機関の支援を受けながら，国家主導型の経済開発を推進した。経済開発の一環として進められた農業の近代化や工業化は，開発途上諸国の社会を大きく変容させた。しかし，1960年代になると，経済開発はより良い社会の実現を達成するどころか，逆にさまざまな問題をもたらしていることが明らかになった。その結果，1970年代以降，開発の追求には地球環境や資源の問題，健康な生活を営む権利や住民の主体的な参加というような側面が含まれるようになったのである。

　ジェンダーは1970年代から社会開発の一部として注目されるようになった課題の1つである。その背景には，戦後の経済開発が，西洋の男性の視点に基

づいて立案されていたために，男性と女性に同じような影響をもたらさなかっ
たことがある。とくに農業の近代化や商品経済化は男性に恩恵を与えたが，
女性の生産維持的な役割や活動は軽視されたのである。こうして，開発途上
国の女性たちは「開発の被害者」として位置づけられ，彼女たちの地位を向
上し，開発過程に統合しようとする，「開発と女性（Women in Development：
WID）」というアプローチが登場した。

　WIDアプローチの下では，各国における法整備や男女別統計の収集，貧困
撲滅を目指した女性の労働参加の推進などが進められた。しかし，第三世界の
フェミニストや研究者から，女性の抱えている問題は男性との生物学的な差
異（セックス）からではなく，女性と男性の社会的な関係の差異（ジェンダ
ー）からおこるため，女性のみにアプローチしても，その厳しい状況は何も変
えられないと指摘されるようになる。こうして，「ジェンダーと開発（Gender
and Development：GAD）」のアプローチが生まれた。GADアプローチでは，
女性の従属的な地位をつくり出す構造を変革するために，男性と女性の間にあ
る権力構造のみならず，人種，民族，階級，植民地の歴史や国家間の経済的な
格差といった，女性たちの日常生活を取り巻くさまざまな要素を考慮して開発
を進めていくことが重要であると訴えている。以上のように発展してきた開発
とジェンダーの領域は，現在，単なる開発政策やプロジェクトにとどまらず，
開発途上国を超えた世界のあらゆる地域における，女性の権利や労働参加とい
う政治・経済的な状況，環境資源の問題，人口と貧困問題，健康と生存，移
動性，紛争と紛争後といった非常に多様な現象を取り扱っている（Coles et.al.
2015）。そして，この領域に携わっているのは研究者だけではない。そこには
国際支援に携わるさまざまな立場の実務家も加わり，きわめて学際的な分野と
して成長している。

　それでは，開発とジェンダーに関して，地理学者たちはどのような関心を抱
いてきたのだろうか。社会学や文化人類学に比べると，地理学では比較的遅
く，1980年代になってから少数のフェミニスト地理学者が「第三世界の女性」
について関心を抱くようになる。イギリスで出版された初の地理学とジェンダ
ーのテキスト（WGSG 1984）には，「開発と女性」の章があり，女性の社会
的地位の向上にとって経済開発だけでは十分ではないことが指摘されている。

当該のテキストでは，「第三世界の女性」たちの生産・再生産労働が，開発途上国でみられた農耕システムの変容や新しい作物・技術の導入といった農業の近代化，新国際分業による工業化，あるいは農村から都市への人口移動などによって，どのように変容したのかについて紹介されている。開発途上国のジェンダー問題に関心をもつ初期のフェミニスト地理学者たちは，経済開発によって生じるさまざまな変容が「第三世界の女性」たちの日常生活にどのような影響をもたらしているのかという点に強い関心を抱いていた。そして，女性たちの生活水準や日常生活における生産・再生産労働の差異を，地域や国ごとに分けて記述したり，地図化[1]したりしていった（たとえば Momsen and Kinnaird 1993）。

　初期のフェミニスト地理学者たちは，「第三世界の女性」をめぐる空間的差異を，寿命，性比，出生率，農業・工業・サービス業といった労働力人口に占める女性の割合や教育という指標で示したり，西洋の視点から「第三世界の女性は～である」というような単純化した説明をしたりした（Momsen and Townsend 1987）。しかし，そのような研究は第三世界／ポストコロニアル・フェミニストたちからの厳しい批判にさらされるようになる。たとえば，その第一人者であるチャンドラー・T・モーハンティーはフェミニスト地理学者による説明的な情報を有効で必要であると認めつつも，このような研究によって「第三世界の女性」が等しく同じ抑圧を共有する，非歴史的で単一の集団として語られる危険性を訴えた。そして，西洋フェミニストによる「第三世界の女性」研究には，彼女たちの生活が日常的，流動的であり，基本的に歴史的でダイナミックなものであるという視点が欠けているため，その日々の生活の意味を正しく伝えていないと鋭く批判[2]したのである（モーハンティー 2012）。

　1980 年代から展開された第三世界／ポストコロニアル・フェミニズムによる「第三世界の女性」研究に対する批判は，現代にいたるまで，開発とジェンダーやグローバル・サウスに焦点をあてた研究を取り扱うフェミニスト地理学者たちに大きな影響を与え続けている。こうして，フェミニスト地理学は，地理学の知がいかに男性中心的に構築されているかという点だけではなく，西洋中心的にも構築されているという課題に取り組み，その脱構築を試みるようになる。そして，女性たちの間にある差異を意味のあるものとして論じるため

に，サンドラ・ハーディングやダナ・ハラウェイの「状況化された知（situated knowledge）」を足がかりとし，多様な女性のアイデンティティの構築における場所の重要性についての議論を深めていくことを模索するようになる[3]。「状況化された知」とは，近代科学が追い求めてきた実体のない合理的客観性とは異なる客観性を，具体化されたローカルな知に見出そうとするものである。そこでは，普遍的なジェンダー平等のあり方というものが否定され，地球上のどこかある具体的な場所で繰り広げられる人びとの生活に根ざしたジェンダー平等のあり方が模索される。地理学者にとって，それぞれの空間や場所において，異なる歴史的な文脈があり，異なる社会関係があるということを想像することは難しいことではない。しかし，開発とジェンダーの政策は，さまざまな指標に基づく開発目標の出現により，ともすれば単一で普遍的なジェンダー平等が存在すると錯覚し，それを目指して邁進しているようにも見受けられる。また，1990 年代以降のグローバリゼーションの進展により，「第三世界」や「開発途上国」という枠組みが形骸化され，先進諸国と開発途上諸国の間のつながりはより複雑なものになっている。このような状況において，改めてある具体的な場所に立脚し，そこで展開する開発とジェンダーに関わる現象を追うことは，人種，民族，階級というさまざまな差異を含め，ポストコロニアルでグローバルな状況を生きる女性たちの日常生活を考察し，描き出すことにつながる。これらの点を背景に，これ以降，筆者がフィールドとしているサモア独立国（以下，サモアと記す）を取り上げて，女性たちの日常生活に基づく開発とジェンダーの状況について，具体的にみていこう。

2. サモアにおける開発とジェンダー

2-1. サモア女性の 2 つの社会的地位

　サモアは日本から約 8,000 km 離れた南太平洋に位置する，オセアニアのポリネシア地域に含まれる小さな島嶼国家である。サモアは南太平洋で最も早く独立を達成したが，「ファアサモア（サモアのやり方）」という独自の慣習・伝統を強く維持している国である。そして，そのファアサモアの基盤になっているのが「マタイ制度」と呼ばれる独自の首長制（chieftainship）[4]である。

　サモアの首長制は，もともと先祖を同じくし，1 つの村を基盤とする親族集団（一族）を基本単位とする。一族の長はマタイ（首長）と呼ばれている。マタイになると称号名（マタイ名）を得る。マタイ名は父から長子へと自動的に継承されるものではなく，誰がマタイになるかは一族の総意で選ばれる。サモアでは母方であるか，父方であるか，男性なのか，女性なのかに関係なく，マタイになる権利をもつ血筋の中で，これからの一族に繁栄をもたらしてくれそうな人を選び，マタイ名を授けるのである。

　一族は代々，マタイ名と土地をセットで共有している。マタイ名を持つ人はその名前の下にある一族の共有地の使用法を決め，必要に応じて一族の成員に分配する。また，マタイになると一族の長として，葬式・婚礼・マタイ名の就任式などの際に親族間で行われる儀礼交換の差配など，一族経営の指揮をとる。そして，サモアの村はマタイたちの会議によって治められているので，マタイは一族を代表して首長会議に出席し，村の自治にも携わる。マタイ制度の下では，個人の望みより一族全体の繁栄が重視されるので，一族の成員はマタイに協力し，そのために行動することが求められるのである（Fairbairn-Dunlop 1991，山本・山本 1996）。

　さて，西洋との接触前のサモアでは，ジェンダー関係の基本は，「夫－妻」ではなく，「兄弟－姉妹」にあった。「兄弟－姉妹」の関係は相互補完的なものとして捉えられており，姉妹に高い社会的地位が与えられる。姉妹たちは聖なる力をもち，兄弟たちの行為に正当性を与える立場にあるので，兄弟たちは姉妹たちのウェルビーイングを守らなければならず，姉妹たちの意見をないがしろにできない。そして，村では，この関係を反映した，マタイを中心とする男性グループとマタイたちの姉妹たちを中心とする女性グループに分かれて生活が営まれていた（図 1）。男性グループは生産労働を司り，村の自治をとりしきっていた。女性グループはアウアルマと呼ばれ，儀礼交換で使用されるゴザの生産などを行い，村を訪れる他村の訪問団をもてなす役割を担っていた。

　首長制は階層的な社会システムであり，各マタイの間には明確な序列がある。序列は神話時代の伝説に基づいているが，固定されておらず，さまざまな手段で上昇が可能であった。その 1 つが一族においてより高位階層の血をもつ後継ぎを得ることであった。当時のサモアでは，子どもの階層は父親ではな

140

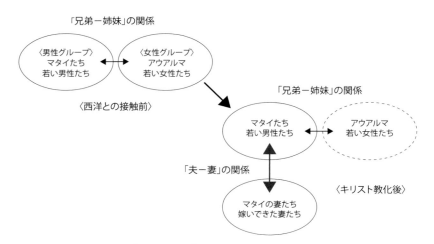

図1　時代によって変化したサモア女性の社会的地位
* Fairbairn-Dunlop（1991 : 72），倉光（2013 : 142）をもとに筆者作成.

く，母親の血筋で決まったので，一族はより高い階層の女性とのつながりを求めて，マタイの結婚を取り結んだ。また，当時のサモアでは，村から村への訪問が政治的な同盟をつくるために頻繁に行われていた。そして政治的な同盟は各村の高位マタイの一族の間での結婚によって成り立っていた。高位マタイの結婚は一族の序列を押し上げる機会でもあり，経済的な利益をもたらす儀礼交換を伴っているという側面もあったため，高位マタイは政略結婚を繰り返すのが義務であった。そのため，新しい花嫁が到着すると，妻であった女性は自分の村へ戻らざるをえず，村の女性グループはそうした女性たちを吸収し，若い女性たちを教育する役割も担っていた（Schoeffel 1977）。

　こうしたマタイ制度のあり方は，1830年，ロンドン伝道協会の宣教師が来訪したことで変容する。西洋からきた宣教師たちは安定的な家庭生活が良きキリスト教徒としての人生の基盤であると信じていたため，高位マタイの一族の間で繰り返される婚姻を問題視した。そして，彼らは当時のイギリス中産階級でみられた「夫に従う妻」という価値観に基づく一夫一妻制の重要性を説いたのである。また，宣教師たちは村で集団生活をしていた若い女性たちを牧師館に住まわせるように推奨したり，夫の村では周辺的な位置にいたマタイの妻たちに，教会の建物や活動の資金を集めるための組織をつくらせ，村における公

的な役割を与えたりした。このようにして，「兄弟－姉妹」の関係を中心にマタイとその姉妹たちに主導されていた村のグループに，家庭内をこえて村のことに関わる妻たちのグループが付け加わったのである（図1参照）[5]（Schoeffel 1977）。

　こうした経緯により，現代のサモアでは女性たちは異なる2つの社会的地位を持っている。1つは「兄弟－姉妹」の関係に基づく「姉妹」としての地位であり，もう1つは「夫－妻」の関係に基づく「妻」としての地位である。現代においても，「兄弟－姉妹」の関係は生きている。10代にもなると，子どもたちはきょうだいであっても男女が同じ部屋を使うことはない。女の子は男の子より先に食事が与えられ，家の中で眠ることができるが，男の子たちは最後に食事をし，後片付けをし，外の小屋で寝起きする。女性たちは一族の一員として一族のマタイ名を受け継ぐ権利をもち，兄弟たちの尊敬を受け，その意見が重視される（Schoeffel 1977）。しかし，いったん夫を持ち，夫の村で暮らし始めると，夫の一族と村では「妻」として生活しなければならない。キリスト教化以降，敬虔（けいけん）なキリスト教徒が大多数を占めるサモアでは良きクリスチャンとして夫に従うべきだと信じている女性たちも多い（Schoeffel et al. 2018）。夫の一族では女性たちは日常的な家事労働に従事することは当然のことで，自分が働いて得た現金収入さえも夫の家族のために好き勝手に使われてしまうことがある。筆者は，そのような状況に嫌気がさして海外へ移住した女性を数名知っているし，夫の一族が経済的に貧しければ奴隷のように扱われるので，夫の村で暮らさないほうがよいと言っている女性たちの話をよく耳にした。次項では，こうしたサモア女性の2つの異なる社会的地位がいかに開発とジェンダーに関わる状況に反映されているのか，具体的な事例を取り上げてみていこう。

2-2.　サモアの女性たちからみた開発とジェンダー

　1962年サモアは南太平洋で一番早く独立を達成した。独立時の憲法の前文に，サモアは「キリスト教の原理とサモアの伝統・慣習に基づいた独立国家であるべき」と書かれているように，サモア政府は独立以降の国家の開発政策において独自の伝統・慣習（ファアサモア）の維持を重視してきた。サモアの国

家開発政策に「女性」という項目が初めて単独で登場したのは 1980 年の「第 4 次 5 カ年開発計画」であった。1992 年には女性が直面する課題を取り扱う政府組織として女性省 [6] が設立された。それ以降，サモアの開発とジェンダーは女性省が中心となって推進されてきたといえる（倉光 2019）。

　開発途上国のジェンダー平等を可視化する指標の 1 つとして，初等教育の就学率がある。サモアの場合，筆者がフィールド調査を開始した 1990 年代から現代に至るまで初等教育の就学率において男女の差はほとんどみられない。2020 年の統計では，高等教育への進学率のみならず，IT や自然科学といった理系分野での卒業・修了資格の取得者も女性のほうが多い。また，サモアではフォーマルな職につくとき，どのような学歴を有しているのかが重視されるため，政府を含めた管理職に女性が就いていることが少なくない（SBS 2021）。こうした高等教育や管理職において明白な女性差別がみられないのは，ファアサモアの相互補完的なジェンダー関係が影響しているのではないかと考えられる。実際に，サモアの開発とジェンダーに関連する先行研究では，「兄弟－姉妹」の関係に基づき女性の権利は守られているといわれ，サモアの女性たちの経験は世界の他の女性たちの経験とは異なると指摘されている（Fairbairn-Dunlop 1994）。

　しかし，2000 年代に入り，国際支援の関係からか，サモアの開発とジェンダーに関連する政策は国際諸機関のジェンダー平等推進の影響を強く受けるようになった。そこではサモア女性の異なる 2 つの社会的な地位をめぐり，さまざまな解釈が飛び交っている。たとえば，筆者が 2006 年に調査した S 村における国連の女子差別撤廃条約（CEDAW）に関するワークショップでは，「女性の権利」をめぐる意見の違いが示された。このワークショップでは，女性省のサモア人男性プログラムオフィサーが村の女性たちに CEDAW についての小冊子を配布し，「女性の権利」とは何かと説明した。その後の質疑応答で，たまたまワークショップに参加していたその村の牧師夫人が「なぜ女性は牧師になれないのか」と質問し，CEDAW がファアサモアに与える影響を尋ねたのである。その際，男性プログラムオフィサーは上手に返答することができなかった。後日，筆者があらためて同じ牧師夫人にこの質問の意図を尋ねてみると，彼女は「ファアサモアでは「男性が家族の頭である」ので，女性の権利は

存在しない。女性は夫にたたかれようと夫の言うことを聞かなければならない。女性や子どもの権利を主張するのはおかしく，それらはすべて海外からきたものだ」と語った。同様に，男性プログラムオフィサーにも尋ねると，彼はまず「ファアサモアがジェンダー不平等だと思わないでほしい。ファアサモアでは男性は家族の頭とはいえない。あなたも知っているとおり，女性もマタイになれるし，娘にもその権利はある」と説明した（倉光 2013）。男性プログラムオフィサーの説明はファアサモアとしての「兄弟－姉妹」の関係が依然としてサモア社会で重視されており，それが一族における女性の権利を保障していることを示している。その一方で，牧師夫人の意見はサモアにおいて，キリスト教化の過程で「夫に従う妻」という規範が取り込まれ，それがサモア独自のジェンダー規範として受容されている様子を表している。このように，サモア女性の 2 つの社会的地位はともにサモアのジェンダー規範として理解されており，サモア女性たちの日常生活の実践の中で矛盾する形で表出したりするのである。

　同様のことは，女性マタイをめぐる状況にもみられる。サモアの選挙制度ではもともとマタイにしか被選挙権がないため，女性がマタイにならないのであれば，必然的に政治分野における女性の参加は少なくなるといえる。この点について，以前はファアサモアの「兄弟－姉妹」の関係に基づいて，マタイは「兄弟」の位置として理解されてきたので，「姉妹」はマタイになる権利を有していても，マタイを兄弟に譲る傾向がみられたという（Fairbairn-Dunlop 1991）。しかし，今日では教育と雇用における女性たちの功績をたたえ，一族によって女性たちがマタイに選ばれるケースが増加している（Boodoosingh and Schoeffel 2018）。2013 年，サモアは南太平洋では初めてジェンダー・クオータを導入し，サモアの国会議席総数の 10 ％以上を女性議員が占めること，そして，もし女性の数が足りない場合，最も得票数の多い落選女性候補から補充することが憲法で決められた。2016 年の選挙では，定員 49 名のうち，当選した女性議員が 4 名だけであったため，落選者から 1 名女性が補充されている。そして，2021 年の選挙のあとには，初の女性首相が誕生している[7]。

　このように，国政の場は変わりつつあるが，マタイ制度の基盤となっている村の首長会議にはあまり変化がみられない。Meth によると，現在，ジェン

ダーに関連するグローバルな開発の潮流には，主に 1）根強い男性と女性の間にある経済格差，2）暴力に関するもの，そして，3）司法と政府における男性による支配という 3 つの傾向があるという（Meth 2020）。2）に関して，2000年代以降，サモアでは家庭内暴力の増加が深刻な社会問題となっている。その背景には，男性だけでなく，女性たちの多くが「夫が妻をなぐるのは当然のことである。その理由は彼女が妻として，母としての役割をきちんと果たしていないからだ」と家庭内暴力を正当化する状況があるという。これは彼女たちが「夫は家族の頭である」というサモア独自のキリスト教の解釈を強く内在化している様子を示している。そして，こうした家庭内暴力を減らすためには，サモアの村の道徳的な権威である教会や村の自治を担っているマタイたちの役割が重要であるのにもかかわらず，女性がマタイになっても村の首長会議にはほとんど参加していないという点が指摘されている（Schoeffel et al. 2018）。

3. 異なる場所の女性たちの声をきく

　以上，南太平洋のサモアを取り上げて，サモアの女性たちが異なる 2 つの社会的地位をもつこと，それがどちらもサモアのジェンダー規範として理解され，日常生活に根づいている様子を示してきた。ファアサモアに基づく「姉妹」としての女性の社会的地位，そして，それがもたらしているであろう高等教育や管理職の機会には男女格差はあまりみられない。また，国政選挙においてもジェンダー・クオータが導入され，サモアのジェンダー平等は着実に進んでいるようにみえる。しかし，その一方で，夫の家族や夫に従うことがよしとされる「妻」としての社会的地位，それがもたらす家庭内暴力をはじめとする女性たちのおかれた日常，そして，それを女性たち自身がどのようにみているのか，といった点については最近研究が始まったばかりである。
　サモアの事例が示すように，国連主導でジェンダー平等が推進され，それが制度として落とし込まれていったとしても，女性たちの日常生活がすぐに劇的に変わるわけではない。また，ジェンダー平等が世界のあらゆる場所で喜んで受け入れられて，まったく同じように進むわけではない。ジェンダー平等を達成するためにどのような課題があり，どのように取り組んでいけばよいのか，

さらには「ジェンダー平等」そのものの意味さえ，それが持ち込まれる「場所」がどのような歴史をもち，どのような関係性のなかで変容してきたところなのかという点で大きく異なってくる。私たちの目からみると，なぜサモア女性が「妻」という役割を重視するのか，不思議に思うであろう。しかし，そこにはサモア女性たちが考える理屈と理由が存在しているのであり，どのようにサモア女性たちがサモアの日常生活において開発とジェンダーの問題に立ち向かっているのか，彼女たちの声を聞くことが何よりも重要なのである。

　このように考えると，開発とジェンダーに関わる現象を理解し，ジェンダー平等について考察するためには，具体的な「場所」に立脚した研究が欠かせない。フェミニスト地理学に求められていることは，普遍性を装ったジェンダー平等を推進するための片棒をかつぐことではなく，具体的な場所の女性たちの日常生活の変容の過程を丹念に拾い上げることである。そうすることで，私たちは最終的には世界のさまざまな場所の多様性とそこで暮らす女性たちの日常の多声性を描き出すことができ，より包括的で豊かな社会の形成にむけて歩んでいくことができるといえよう。

（倉光ミナ子）

［注］
1）　このような研究は，現在においても『女性の世界地図（*The Women's Atlas*）』（シーガー 2020）として示され，世界のどの地域でどのようなジェンダー不平等がみられるのかということを概観するのに役立っている.
2）　モーハンティーの批判は，西洋フェミニストたちに「第三世界の女性」を代弁する権利があるのかという問いももたらしたが，この問いに関しては紙面の都合上，本稿では取り扱わない.
3）　ハーディングとハラウェイの「状況化された知」が英語圏のフェミニスト地理学に与えた影響についてはマクドウェル（1998）と石塚（2010）を参照されたい.
4）　考古学の研究に基づくと，サモア人の祖先であるポリネシア人たちは大型カヌーを操り，島から島へと移住していく航海者たちであった．こうした彼らの航海は，リーダーを中心とする階層的な社会集団によって可能だったと考えられている．実際に，西洋との接触前のポリネシア地域の島々には，家族や村を統治する階層的な社会システムである「首長制」が広くみられ，島ごとに独自の発展を遂げていた.
5）　サモア諸島では宣教師来訪後 30 年の間に急速にキリスト教化が進んだ．それにより，次第に高位マタイの政略結婚が減少し，村への訪問団も途絶えることになった．また村の女性たちの集団生活も行われなくなった結果，アウアルマは衰退したと考えられ

ている（Schoeffel 1977）．現代の村にはアウアルマが残っているところもみられるが，女性たちが集う場としては，その後の植民地時代に導入された女性委員会（women's committee）がある．女性委員会の中心はマタイの妻たちであり，その序列は夫のマタイの序列にしたがっている．サモアでは，女性委員会が村のコミュニティ開発において多大な貢献をしてきた歴史がある（倉光 2019）．

6) 女性省は 2003 年の省庁構造改革により，「女性・コミュニティ・社会開発省」となっているが，本稿では女性省として統一して記載する．

7) サモアでは 2016 年，2021 年と選挙制度が微妙に変化している．2021 年の選挙後は，5 カ月以上の政治的混乱を経て女性の首相が誕生したが，それは必ずしもジェンダー・クオータによるものとはいえない．

［引用文献］

石塚道子 2010．終わらない問い－「空間・場所・ジェンダー関係」再考．お茶の水地理 50：2-26.

倉光ミナ子 2013．「ジェンダーと開発」に対するアカデミックなアプローチとは－サモア・女性省の活動に関する調査・研究を通して．鈴木 紀・滝村卓司編『国際開発と協働－NGO の役割とジェンダーの視点』138-155，明石書店．

倉光ミナ子 2019．サモアにおける「ジェンダーと開発」－その歴史的変遷と特徴．人文科学研究 15：77-88.

シーガー，J. 著，中澤高志・大城直樹・荒又美陽・中川秀一・三浦尚子 2020．『女性の世界地図－女たちの経験・現在地・これから』明石書店．Seager, J. 2018. *The Women's Atlas*. Brighton: Myriad Editions.

マクドウェル，L. 著，吉田容子訳 1998．空間・場所・ジェンダー関係：第 2 部－アイデンティティ，差異，フェミニスト幾何学と地理学．空間・社会・地理思想 3：28-46. McDowell, L. 1993. Space, place and gender relations: Part Ⅱ : Identity, difference, feminist geometries and geography. *Progress in human geography* 17-3：305-318.

モーハンティー，C，T．著，堀田 碧監訳 2012．『境界なきフェミニズム』法政大学出版局．Mohanty, C. T. 2003. *Feminism without borders*. Duke University Press.

山本 泰・山本真鳥 1996.『儀礼としての経済－サモア社会の贈与・権力・セクシュアリティ』弘文堂．

Boodoosingh, R. and Schoeffel, P. 2018. Codification of Customary Regulations by village councils in Samoa: Some social and gender issues, *Journal of South Pacific Law, Special Issue on Pacific Custom*.

Coles, A., Gray, L. and Momsen, J. eds. 2015. *The Routledge handbook of gender and development*. Oxon and New York: Routledge.

Fairbairn-Dunlop, P. 1991. *E au le inailau a tamaitai: Women, education and development Western Samoa*. Ph.D thesis, Macquarie University.

Fairbairn-Dunlop, P. 1994. Gender, culture and tourism development in Western Samoa. In *Tourism: A gender analysis*, eds. V. Kinnaird and D. Hall, 121-141. Chichester: John Wiley and

Sons Ltd.

Meth, P. 2020. Gendered geographies of development. In *Routledge handbook of gender and feminist geographies*, eds. A. Datta, P. Hopkins, L. Johnston, E. Olson and J. M. Silva, 368-378. Oxon and New York: Routledge.

Momsen, J. H. and Kinnaird, V. 1993. *Different places, different voices: gender and development in Africa, Asia and Latin America*. London and New York: Routledge.

Momsen, J. H. and Townsend, J. eds. 1987. *Geography of gender in the Third World*. London: Hutchinson.

Samoa Bureau of Statistics (SBS). 2021. *Statistical Abstract 2020*. Government of Samoa.

Schoeffel, P. 1977. The origin and development of women's associations in Western Samoa, 1830-1977. *Journal of Pacific Studies* Ⅲ : 1-12.

Schoeffel, P., Boodoosingh, R. and Percival, G.S. 2018. It's all about Eve: Women's attitudes to gender-based violence in Samoa. In *Rape culture, violence, and religion*, eds. C. Blyth, E. Colgan and K.B, Edwards, 9-31. https://doi.org/10.1007/979-3-319-72224-5_2.

Women and Geography Study Group of the IGB (WGSG) . 1984. *Geography and gender*. London: Hutchinson.

［文献案内］
■ Momsen, J. 2020. *Gender and development, 3rd ed.* Oxon and New York: Routledge.
フェミニスト地理学者による平易な英語で書かれた入門書．開発とジェンダーの問題について，再生産，環境，都市，農村，グローバル化といったトピックごとに，世界的な地域の多様性について学ぶことができる．
■モーハンティー, C. T. 著，堀田碧監訳　2012．『境界なきフェミニズム』法政大学出版局．Mohanty, C. T. 2003. *Feminism without borders.* Duke University Press.
グローバル・サウスにおけるジェンダー問題について研究する人が読むべき必読書．具体的な場所に基づいて，ジェンダー問題を考えていく姿勢と重要性が論じられている．

［学習課題］
「本章を参考に考えてみよう！」
ジェンダーに関連するグローバルな開発の潮流にみられる 3 つの傾向― 1）根強い男性と女性の間にある経済格差，2）暴力に関するもの，そして，3）司法と政府における男性による支配―は日本ではどのような状況であるのか，考えてみよう．
「興味を持った人はさらに調べてみよう！」
海外の地域や国を 1 つ選び，その国の開発とジェンダーに関する指標やジェンダー関係・規範・役割などについて調べてみよう．

補 章　フィールドワークにおいて注意すべきこと
－質的調査を中心に－

　本章ではフィールドワークの中でも，インタビューや参与観察を中心とする質的調査に焦点を当て，質的調査の意義や注意点について述べる。また，調査者と被調査者の間で築かれる関係性がフィールドにおける調査者の立ち位置や状況に依存することを述べ，その中で調査者がフィールドワーク中にハラスメントに遭う可能性についても，注意を向ける。

1．人文地理学におけるフィールドワーク

　ある一定の地表空間（地域）の実態を，統計などの資料や地理情報システム（GIS），フィールドワークなどによって明らかにする地域調査は，人文地理学の重要な研究手法である。フィールドワークとは，研究室を出て調査地（フィールド）や研究に関係する地域に行き，データ収集を行うことである。広義のフィールドワークには，文献収集，世帯調査，アンケート，インタビュー，（参与）観察，計測などが含まれる。どのような方法でフィールドワークを行うかは，研究目的や対象によって異なる。土地利用や交通量などの調査でよく行われる観察や計測，また，対象となる世帯または集団を設定して一定の回答数を集める世帯調査やアンケートは，定量的な分析に使用されることが多い。たとえば，アンケートでは「質問1に『はい』と答えた回答者は70％」というように回答者全体の傾向を把握したり，「質問1に『はい』と答えた回答者の90％は女性」というように，クロス集計や統計分析によって，回答と回答者のさまざまな要素の相関関係を明らかにしたりする。

　それに対して，インタビューや参与観察は，質的調査に用いられることが多い。一口にインタビューといっても，既定の質問を順序通りにする構造化インタビュー，それよりは柔軟だが，話題が限定される半構造化インタビュー，そして特に話題を限定せず，語り手に自由に話してもらう非構造化インタビュー

などがある。参与観察は，研究者がフィールドでの生活を経験したり，フィールドで生じる出来事や相互行為の場に居合わせたりすることで，フィールドの生活世界やそこで共有されている思考や実践を明らかにする方法である。本章では，私がバングラデシュなどで主に実施している，インタビューや参与観察などを中心とした質的調査を取り上げる。次節で述べるように，質的調査では，定量的な分析だけではわからないことを明らかにすることができる。

2. 質的調査によって明らかになるフィールドの実態

　前節で挙げたいずれのインタビューであれ，インタビューの相手から発せられた言葉は，客観的事実として捉えられるのかを確認する作業が必要である。状況や内容によっては，特定の社会的，文化的条件において構築されたものとして捉えた方がよい場合もある。そのような場合の例として，私がバングラデシュ農村で実施していたフィールドワークで経験した出来事を挙げよう。このフィールドワークでは，調査対象村のコミュニティに属するすべての世帯に同じ質問をする悉皆調査に加え，半／非構造化インタビューや参与観察などの質的調査を行っていた。悉皆調査では，家族構成のほか，構成員の職業，学歴，所有地など，各世帯の社会経済水準がわかる情報を収集していた。悉皆調査で「何をしていますか」という質問をした際，男性に関しては「農業」や「教師」などの回答が得られた。一方，女性に関しては「何もしていない」か，既婚の場合は「主婦」という答えがよく返ってきた。なお，「主婦」という回答は女性たち自身からも聞かれた。

　しかし，フィールドの女性の多くは，早朝から炊事，洗濯，掃除，農作業，子どもの世話などに追われ，ゆっくりできるのは夕暮れ前か，完全に暗くなってからというのが常であった。しかも，洗濯は井戸水や川などでの手洗いで，農作業もほとんど機械を使わない重労働だった。私がフィールドワークをしていた地域では，耕作地で稲を収穫し，屋敷地まで持ってくるのは「男性の仕事」で，稲からワラを取った籾を中庭などで乾燥させ，砂やゴミと分け，きれいな状態にして蔵に保管するのは「女性の仕事」だった。こう書いてしまうと簡単な仕事のように感じるかもしれないが，籾とそれ以外のものを分ける作業も，

写真1　農作業をする女性たち
（2011年5月1日，筆者撮影）

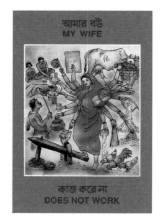

**図1　女性の地位向上運動をお
こなう NGO バチテ・シカの
啓発ポスター**
出典）Dr.Angela Gomes（Banchte
Shekha 設立者・代表取締役）

籾を蔵に運ぶのも，多大な時間と労力がかかる大変なものだった。この作業は，写真1の女性2人が持っているクラと呼ばれる竹製の道具によって，もっぱら行われており，クラに砂やゴミなどが混じった籾を一定量乗せ，クラを巧みに振ることでより分けていく。写真1は砂やゴミを取り除いた後に，籾から籾殻をはじき出しているのを撮影したものである。

　このように，女性が非常に多くの仕事をしていることを端的に描いたのが，図1である。図1は，女性の貧困削減・地位向上を目指すバングラデシュの NGO（非政府組織）であるバチテ・シカ（Banchte Shekha）が，啓発のために使っているポスターである。このポスターではヒンドゥー教の女神ドゥルガをモチーフとして，バングラデシュ農村の一般的な女性像が描かれており，女性はどれだけ手があっても足りないくらい，たくさんの仕事をこなしている。さらに，無数に伸びる手だけでなく，右足を使って，昔ながらの方法で脱殻をしている。こうした状況にもかかわらず，女性の夫の認識は「私の妻は仕事をしていない」というものである。

　私のフィールドの農村においても，男性が行う労働は「仕事」とされるのに対して，女性が行う労働は，男性と同等な「仕事」として捉えられていなかった。悉皆調査から女性成員について「何もしていない」や「主婦」とする回答が得られた。この回答は，特定の社会的，文化的条件において構築されたものにほかならない。

　女性たちが終日仕事に追われていることがわかったのは，バングラデシュ農

村におけるフィールドワークで，悉皆調査だけでなく，女性たちの生活の場で
参与観察をしていたからである。参与観察では，フィールドで生起する出来事
や相互行為を，誰かの言葉や何らかの媒体を通じて知るだけでなく，直に観察
し，経験する。そのため，女性は「何もしていない」という悉皆調査の回答と
実際の状況とのズレに気付くことができたのである。このように，質的調査で
は，定量的な分析のための調査だけからではわからないことを明らかにするこ
とができる。しかし，次節で述べるように，質的調査に基づく研究では，注意
しなければならないことがある。

3. 調査者の立ち位置が研究に与える影響

　フィールドの生活世界や地理的知などに関する記述は，何らかの社会的な立
場に位置付けられた調査者というフィルターを通して書かれたものである。と
りわけ，質的調査によって得られたデータとそれに基づく記述は，フィールド
における調査者の立ち位置や関係性に影響されやすい。これは具体的にどのよ
うなことなのか，バングラデシュ農村を調査地とした先行研究を例に，考えて
みよう。

　1980 年代頃までに出版された民族誌や村落研究は，バングラデシュの農村
を，生業や経済活動[1]における協働に欠け[2]，男性の権力者が村落政治の覇
権をめぐって争う個人主義的な社会として描く傾向があった。その背景の 1 つ
として，この時期の研究が主に，欧米あるいはバングラデシュ出身の男性研究
者たちによって牽引されていたことが挙げられる[3]。男性研究者たちは，フ
ィールドに暮らす男性たちや，市場（いちば）やモスクなどのいわゆる「男性の空間」に
アクセスしやすかった。しかし，男性研究者たちがフィールドに住む女性たち
と直接会ったり話したりすることは，バングラデシュ農村で見られる男女隔離
の慣行（パルダ）によって忌避された。そのため，男性研究者たちの聞き取り
相手は生業や経済活動，村落政治を担う男性たちに偏ってしまい，その結果，
女性たちが日常的な行き来や互助を通じて形成する社会関係やネットワークは
看過されてきたと考えられる（Sugie 2021）。

　なお，欧米やバングラデシュ出身の男性研究者が中心に活躍していた 1980

年代頃までには，白人の外国人女性研究者も数人見られたが，これらの白人女性研究者たちは「名誉男性」のように見なされ，男性とほぼ同様に「男性の空間」にアクセスすることができた。その一方で，日本出身の西川麦子やバングラデシュ出身のシャンティ・ロザリオは，調査当時，未婚の女子学生であり，フィールドの女性たちと同様に庇護の対象とされ，近親以外の男性との接触を回避すべき存在と見なされた（西川 2001；Rozario1992）[4]。西川やロザリオが書き上げた民族誌は 1990 年代以降に出版されていくが，特に西川による民族誌では，フィールドの女性たちが男性たちとは異なる社会関係を築いていることが明らかにされており，1980 年代頃までに出版された村落研究でしばしば見られた，個人主義的な社会とは異なるバングラデシュ農村像が描かれている。このような違いが生じたのは，西川がいわゆる「女性の空間」で過ごし，村の女性たちと話をすることが多かったためだと考えられる。

　以上の例から，調査者がフィールドにおいてどのように位置づけられるのか（男性なのか，「名誉男性」なのか，庇護すべき女性なのか）によって，調査者がそこで取り結べる関係性や行動（フィールドの女性たちと直接話せるのか，「男性の空間」にアクセスできるのか）が左右されていること，そして，結果的にこのことが研究者の着眼点（生業や経済活動，村落政治／女性たちの日常的なやりとり）と研究結果（個人主義的な農村像／互助と相互行為のネットワークに支えられた農村像）にも影響を与えていることがわかる。調査者がフィールドにおいてどのように位置づけられるのかは，状況によって異なる。それゆえ，調査者には，フィールドにおける自らの立ち位置や状況が調査で得られるデータにどのような影響を及ぼしているのかを考えた上で，調査の結果を考察し，記述することが求められる。そして，読者もまた，その記述を「客観的事実」として鵜呑みにするのではなく，調査者のフィールドでの状況がデータや記述にどのような影響を及ぼしうるかを考慮しながら，批判的に読解することが必要となる。

4．フィールドワーク中にハラスメントに遭う可能性

　従来，調査者は学術的な権威を持つ強者であり，被調査者はその権威に従っ

て調査に協力することを強いられる弱者として描かれ，調査者が権威を笠にして横柄に振舞い，被調査者が迷惑や不利益を被るという調査公害が問題視されてきた（宮本・安渓 2008）。そのため，被調査者が何の不利益を被ることなく，自らの意志で協力の可否を決められるように配慮することが求められ，被調査者の権利やプライバシーを守る倫理規程が学会や研究機関ごとに整備されてきた。被調査者に配慮しなければならないということは，学生であっても，人に関わる調査をする以上は，原則として踏まえておく必要がある。

　しかし，この原則はときに，調査者を弱い立場に置くことにもつながる。調査者と被調査者の関係性は，常に調査者が強者，被調査者が弱者という固定的なものではない。前節で挙げた西川やロザリオのように，調査者の行動が被調査者によって制限される場合もあれば，性別や年齢などにかかわらず，ふとした場面の中で，調査者が被調査者からの圧力を受けざるを得ない状況に置かれることもある。調査者は上述の原則を守る必要がある上，フィールドに受け入れてもらい，被調査者に情報を教えてもらう立場にある。そのため，被調査者の要求を拒否したり，言動を抑制したりできず，パワーハラスメントやセクシュアルハラスメントに遭ってしまうこともある[5]。調査者は被調査者からハラスメントを受けたとしても，声をあげにくいという状況が見られる。

　実際の例を見てみよう。女性である社会学者の丸山（2017）は，次のように自らの体験を綴っている。

　　「学部生時代，私は卒業論文のフィールドとして釜ヶ崎[6]でおこなわれていた炊き出しを選び，そこに 3 年間調査に通っていました。そのなかで，親しくなった一人の日雇い労働者から，ラブレターをもらったのです。すぐにお断りをしたのですが，彼はそれを恨みに思い，いくつかの行き違いも重なって，私を『ころしてやる』というようになりました。それは卒業論文を提出する少し前のことでした。彼の生活の場もあった炊き出し主催団体に相談することは，家も職も失ってたどりついた釜ヶ崎でやりなおそうとしていた彼の生活を壊すことになりかねません。指導教官は男性で，そんなことはとても相談できそうにない気がしました。…〔中略〕…それからは，私のふるまいが軽率すぎたのだろう，そうした場面をうまくおさめることができなかった私が調査者として能力がな

かったのだろう，そんな後悔と自責の念にさいなまれつづけることになりました」（丸山 2017）

このような体験は，釜ヶ崎に限ったことではない。また，フィールドワークにおけるハラスメントは，年齢や性別，学生か教員かにかかわらず，誰もが当事者になりうる。しかし，「誰にも相談できない」「自分が我慢するしかない」という孤立した状況や，「自分が悪かったのだ」という自責の念は，ハラスメントに遭った当事者の間で共通して見られる。その理由は人によってさまざまだが，「指導教員と信頼関係を築くことができていない」「性に関することは言いづらい」「ハラスメントを訴えたら被調査者との関係が悪くなり，研究を継続できなくなる」「研究に協力してもらっている人を悪く思いたくない」といったことが聞かれる。

フィールドワークに行く前に移動手段や宿泊先の安全性を確認したり，フィールドワーク中に密室で 2 人きりにならないようにしたりなどの予防や対策をすることは重要である。けれども，万が一ハラスメントに遭ってしまったときには，自分を責めたり，「たいしたことではない」と思い込もうとしたりする必要はない。無理にフィールドワークを続けず，まずは信頼できる人に相談するなどしてメンタル面の回復を待ち，研究に取り組めるようになったら，別の方法や調査地の変更を検討するとよいだろう。

被調査者を守るための制度や教育はある程度なされてきたが，調査者を守る取り組みは日本では始まったばかりである。大学には教職員や学生が遭うハラスメントに対処する組織があり，学会によっては学会員のハラスメント防止ガイドラインを定めているところもある。しかし，そうした組織ごとの対策では，フィールドワークで遭遇しうるハラスメントはこぼれ落ちてしまい，体系的な対策は取られてこなかった。さらに，フィールドワークでハラスメントや性暴力に遭うのは，「フィールドで信頼関係を築けていないからだ」「能力がないからだ」といったように，当時者が責められてしまうこともある。そうした体験を武勇伝や笑い話として軽く扱ってしまうことも，当事者たちを悩ませてきた。指導教員や周囲の人に相談した結果，このような対応にいっそう追い詰められて心身に不調をきたしてしまったケースも少なくない。そのため，当事者からハラスメントを遭ったことについて相談されたとき，対応の仕方によ

っては，いっそうその人を傷つける「加害者」にもなりえるということを，心
にとめてほしい。

（杉江あい）

［注］
1) 生業は市場を介さない自給的農業や漁労・採集，経済活動は市場を介する商業的農
業や賃金労働などを指す.
2) 一般的に農村社会は助け合って暮らしているというイメージがある. しかし，そう
した農村社会に対するゲマインシャフト的なイメージ，あるいはインドの小宇宙的な
村落共同体のイメージ（応地 1977）を，欧米の研究者が前提的に抱いていたがゆえに，
バングラデシュ農村の個人主義的な性質がクローズアップされたと考えられる.
3) 英領時代に植民地官僚が主導したいわゆる植民地社会学・民族学的な研究を除くと，
バングラデシュに関する学術研究は 1960 〜 1970 年代に本格化した. 文化人類学者の
原忠彦は 1960 年代半ばに東パキスタン（現バングラデシュ）のゴヒラ村をフィール
ドとして先駆的な研究を行ったが，彼のようなケースは稀であり，この時代のバング
ラデシュの村落研究の担い手は，欧米あるいはパキスタン／バングラデシュ出身の研
究者に限られていた.
4) ただし，西川がフィールドにおいて単に「未婚の女子学生」ではなく，「ビデシ（外
国人）」として特別視されていたことには変わりない. たとえば，ロザリオと比べて
西川がフィールドでの滞在先を容易に見つけることができたのは，家に「日本人が住
んでいる」と評判になることをホストファミリーが望んだためであった. しかし，白
人と比べれば，西川は外見がバングラデシュ人とそれほど違わず，ホストとなった夫
婦から「娘」として扱われていたため，特に「父親」から日頃の行動を指図されてい
た（西川 2001）. 他方で，ロンドンで修士号を取得し，ダカ大学で 22 年間歴史学を
教えていた既婚女性のロキア・ラーマン・カビールは，父親がバングラデシュ出身で
外見がバングラデシュ人と同様であっても，未婚だったロザリオや西川とは異なり，
村の人たちから「名誉男性」のように扱われていた（カビール 2001）. このように，
フィールドにおける女性の位置づけは，年齢や外見，婚姻状況，地位，そしてフィー
ルドの人たちとどのような関係性で結ばれるのかによって異なる.
5) （指導）教員や先輩などの大学や研究機関の関係者からフィールドワーク中にハラ
スメントや性暴力を受けるというケースも，決して稀なことではない. 2014 年にアメ
リカで行われた同様のウェブ・アンケート調査では，フィールドワークにおける性暴
力の典型的被害者が女性なのに対して，典型的加害者は同大学や他大学の年長男性で
あった（Clancy et al. 2014）.
6) 大阪市西成区にある釜ヶ崎は，日雇い労働者や野宿者が多く暮らしてきた地域であ
る（丸山 2017）.

［引用文献］

応地利明 1977．インド村落研究ノート．人文地理 29：483-519.

カビール，R. R. 著，大岩 豊訳 2001．『7人の女の物語－バングラデッシュの農村から』
連合出版.

西川麦子 2001．『バングラデシュ／生存と関係のフィールドワーク』平凡社.

丸山里美 2017．「質的調査とは何か」．岸 正彦・石岡丈昇・丸山里美編『質的社会調
査の方法－他者の合理性の理解社会学』有斐閣．Kindle 版

宮本常一・安渓遊地 2008．『調査されるという迷惑－フィールドに出る前に読んでおく
本』みずのわ出版.

Clancy, K. B. H., Nelson, R. G., Rutherford, J. N. and Hinde, K. 2014. Survey of academic field
experiences (SAFE): Trainees report harassment and assault. *PLOS ONE* 9(7): e102172.

Rozario, S. 1992. *Purity and communal boundaries: Women and social change in a Bangladeshi
village*. Sydney: Allen & Unwin.

Sugie, A. 2021. Reconsidering individualism in rural Bangladesh: Ethnography of Hara and
subsequent village studies, In *Kinship and family among Muslims in Bengal*. eds. M. Togawa
and A. Dasgupta. 309-338. New Delhi: Manohar.

［文献案内］

■澤柿教伸・野中健一・椎野若菜編 2020．『FENICS 100万人の調査者シリーズ9
フィールドワークの安全対策』古今書院.
本書には，地理学や文化人類学など，さまざまな分野のフィールドワーカーが調
査地で遭遇した危険や，それに対処した経験が綴られている．論文調ではなく，
読みやすい．フィールドワークに行く前に読んでおきたい1冊.

■「フィールドワークとハラスメント（HiF）」共同研究グループウェブサイト：
https://safefieldwork.live-on.net/
上記の文献ではカバーされていない，フィールドワーク中に遭遇しうるハラスメ
ントについて注意喚起している．フィールドワーカーの体験記（コラム参照）や
オンラインサロンのアーカイブには，学生をフィールドに送り出す教員にとって
も役立つ情報が詰まっている.

［学習課題］

「本章を参考に考えてみよう！」
友人からフィールドワークでハラスメントに遭ったことを相談されたら，あなた
はどう応答するだろうか．コラムをもとに，考えてみよう.

「興味を持った人はさらに調べてみよう！」
本章の3節で述べた調査者の立ち位置や被調査者との関係性については，「ポジ
ショナリティ」という概念で議論されてきた．人文地理学や隣接する分野の文献
を読んで，この概念について調べてみよう.

《コラム》フィールドワーク中に経験した「怖かった出来事」から考える

　次に挙げるのは，「フィールドワークとハラスメント（HiF）」共同研究グルー
プのウェブサイト（補章参照）に掲載されているＩさんの体験記の要約である。

　当時，私は，20代の学生（女性）で，日本国内の某都市の郊外住宅地で，住民
の方へ聞き取り調査をしていました。聞き取り調査の協力者を紹介してくれたの
が，Ａさん（男性，当時30代）という地元コミュニティの代表者の方でした。協
力者の方のご自宅は，駅から徒歩で行くには遠く，往路はタクシーでいきました。
ご自宅でのインタビューの間は，紹介者のＡさんも同席していました。協力者の
方に御礼を言って外に出て，私がタクシーを呼ぼうとしていると，Ａさんが「もう
暗いから，車で駅まで送ってあげますよ」と，家から出てきました。1000円程度
のタクシー運賃でも節約できるのは，正直ありがたい話でした。Ａさんとは初対面
ではないということもあり，車に乗りました。しかし，車は駅とは違う方向へ走り
出し，Ａさんは「家まで送ってあげる」「ドライブに付き合って」と言い，ラブホ
テルに行くことをほのめかしたり，自分の体を私に触らせようとしたりもしまし
た。私は恐怖と混乱で頭が真っ白になりながら，どうしたらこの「密室」から出ら
れるのか考えていました。その気になればＡさんは，このままホテルの駐車場へ
でも，山中や暗い公園へでも車を乗りつけられるし，力づくで私をおさえてレイプ
することもできるのだ，と私は瞬時に理解しました。同時に，私の中には，Ａさん
に失礼にならないように，できるだけＡさんの気分を害さないような断り方をし
なければ，という思いもありました。「Ａさんは，今まで何人も調査協力者を紹介
してくれた。今日だってそうだ。お世話になった方なのだから，恩を仇で返すよう
なことはしちゃいけない。それに，この人の気分を害して逆上させたりしたら，何
が起きるかわからない……」
　幸運といってよいのか，Ａさんは，私のことを力づくでレイプしたいわけではな
かったようでした。強引に体を触ったり，そのままホテルの駐車場に入っていった
りもしませんでした。車窓に，コンビニの明かりが見えてきた瞬間，私は「すみま
せん，吐きそうです，そこのコンビニでおろしてください，お願いします！」と
言いました。Ａさんは車を停めてくれました。そのあとのことは記憶があいまいで
す。とにかくどうにかして，帰ったのだと思います。
　Ａさんとの出来事のあと，私は，周囲のいろいろな人にこのことを話しました。
とにかく聞いてほしくて，何かの助言を求めて。当時の私はこの体験を真剣に話す

ことができず，笑いながら自虐的に話したりしていました。ここでの反応は，そんな状況で発されたものです。

（1）私にとって教員の立場にあった年配の男性に話した時の反応は，苦笑して「…困ったもんだ」と頭をかいて終了。多忙なこともあってか無関心でした。

（2）母からは，最初は「どうしてそんな，知らない人の車に乗るの」「無防備なあんたが悪い」と叱責されました。しかし，おおごとにならなかったとわかると「そういう声がかかるのも若いうちだけよ，誘われるうちが花っていうじゃないの。私も若いころは…」と母の若い頃のモテ・エピソードへ。

（3）同世代から少し年上の男女は，Aさんに同情して「Aさんに悪気はなかったんじゃない？」という人もいれば，「勘違い男にそんなことされて災難だったね。それだけあなたが魅力的ってことだよ」と，Aさんを悪し様にいうことで，私を慰めてくれようとする人もいました。

（4）少し年上の女性は，私の経験を聞いて，私がどんなに笑いながら話しても一切笑わず，話が終わると「…ありえない。すっごく怖かったでしょう。そんな目にあったら怖いに決まってるよ」。そして，「まだ調査は続くんだよね？ひとりで行くのが怖かったら一緒にいこうか？」と，言ってくれました。

あなただったら，Ｉさんにどんな言葉をかけただろう？　あるいは，あなたがＩさんと同じような体験をした場合，(1)〜(4) の周囲からの反応をどのように感じただろう？実は，(1)〜(3) の反応はトラウマのようにＩさんの心に傷を残し，心療内科での治療が必要な原因の1つになってしまった。その一方で，(4)のときには，「嬉しさと，張り詰めていた何かがゆるむようなほっとした感覚が心身に広がった」と回顧している。(1)〜(3) の反応はどのような点でＩさんを追い詰めてしまったのだろうか？　(4)の反応は何がよかったのだろうか？　自分で，またはみんなで考え，話し合ったあとに，体験記の全文（文献のリンク先）を読んでみよう。この問題のほかにも，Ｉさんの体験記には，フィールドワーカーとその周囲にいる人にとって，とても重要なメッセージがたくさん詰まっている。

（杉江あい）

［引用文献］
「フィールドワークとハラスメント（HiF）」共同研究グループのウェブサイト
https://safefieldwork.live-on.net/category/story/（2023年11月14日最終閲覧）

あとがき

　1960 年代にアメリカ合衆国で始まった女性解放運動（第二波フェミニズム）の影響を受け，1970 年代に入ると英語圏の女性地理学者たちはフェミニスト地理学を立ち上げました。しかし，日本の地理学界でフェミニスト地理学の重要性が理解されて海外の先行研究が紹介されるようになるのは，十数年後のことでした。1990 年代初め，私が大学院生の頃，授業の課題文献の中でジェンダー研究に関する論文を見つけました。「ジェンダーってなんだろう？」という単純な疑問から，まずはその論文を読んでみることにしました。この時の出会いをきっかけに，私は 30 年近くにわたって，地理学の分野でジェンダーの視点にこだわって研究を続けています。しかし，これほど長い時間があったのに，私の力不足で研究成果を十分に発信してこなかったことは，大いに反省すべき点です。

　新型コロナウイルス感染症拡大の影響で学会の開催が中止されたり，研究対象地域での調査ができなかったりした中で，何か進められることはないかと思い付いたのが本書の刊行です。ただし，私一人の力では到底成し遂げられないと思い，影山穂波さんを編者にお誘いしました。オンラインでの打ち合わせを重ねて二人で企画案を練って，9 名の方に執筆をお願いすることになりました。編者として心がけたのは，空間や場所をジェンダーの視点から検討することの意義や面白さを学生さんに理解してもらえるような内容にしたいということでした。編者からの注文に対し何度も原稿の修正に応じてくださった執筆者の方々に，あらためてお礼申し上げます。

　本書は，企画構想から 4 年近くを経て，ようやく刊行の運びとなりました。最後になりましたが，本書の意義を高く評価してくださり，企画段階から刊行までの長い過程において執筆者たちを暖かく見守り応援してくださった古今書院の鈴木憲子さんに，心から感謝申し上げます。

吉田容子

索　引

［執筆者紹介］（五十音順）

阿部亮吾　愛知教育大学教育学部［9章］
『エスニシティの地理学－移民エスニック空間を問う－』（単著，古今書院，2011年）
「「地域における多文化共生」のまちづくり－その成果と課題－」，東海社会学会年報，8：56-67，2016年.
「シドニー大都市圏におけるアジア系留学生の居住分布の空間的特徴－中国人・インド人・フィリピン人・日本人留学生に着目して－」，地理空間，14(3)：191-200，2022年.

太田麻希子　立教大学社会学部［10章］
Base of the Pyramid and Business Process Outsourcing Strategies: In the Age of SDGs（分担執筆，Springer，2023年）.
「マニラのスクオッター集落における高学歴女性就労者」，日本都市社会学会年報，39：23-39，2021年.
Female Workers in the IT-BPO industry in the Philippines: Possibility and Impossibility for Upward Mobility.（*Global Urban Studies*，14：1-24，2021年）.

久木元美琴　京都大学大学院人間・環境学研究科 総合人間学部［4章］
『保育・子育て支援の地理学』（単著，明石書店，2016年）.
「福祉サービスの地理学における「多様な経済」と感情への着目の必要性」，経済地理学年報，65：259-279，2019年.

倉光ミナ子　お茶の水女子大学基幹研究院人間科学系［11章］
La'ei Samoa: From Public Servants' Uniform to National Attire?. *The Journal of Polynesian Society* 125-1: 33-57，2016年.
Constructing 'Home' Through Mothering: A Case Study of Early Samoan Wives in Japan. In *Maternal Geographies: Mothering: In and Out of Place*, ed. J. Johnston and K. Johnston, 29-42. Ontario: Demeter Press, 2019年.『ジェンダー人類学を読む－地域別・テーマ別基本文献レヴュー－』（分担執筆，世界思想社，2007年）

杉江あい　京都大学大学院文学研究科・文学部［補章，コラム］
『カースト再考－バングラデシュのヒンドゥーとムスリム』（単著，名古屋大学出版会，2023年）.
Do 'Islamic norms' impede inclusive development of women?: A case study of Islamic education for women in rural Bangladesh. In *Inclusive Development in South Asia,* ed. T. Awaya, and K. Tomozawa and K. 250-272. Routledge, 2022年.
「イスラームとムスリムについて教える／学ぶ人のために－ムスリマのフィールドワーカーからの提案」，*E-journal GEO*，16(1)：102-123，2021年.

須崎成二　立正大学地球環境科学部［8 章］

The Transformation of the Gay District in the Shinjuku Ni-chome Area before the COVID-19 Pandemic. *Social Theory and Dynamics 5* (in press).

「セクシュアルマイノリティの受入をめぐる日本の二重規範－「地理的スケール概念」からみた難民認定・在留許可－」，駿台史学，176：55-74，2022 年.

「「新宿二丁目」地区におけるゲイ男性の場所イメージとその変化」，地理学評論，92(2)：72-87，2019 年.

「新宿二丁目におけるゲイ・ディストリクトの空間的特徴と存続条件」，都市地理学，14：16-27，2019 年.

関村オリエ　東京女子大学現代教養学部［3 章］

『都市郊外のジェンダー地理学－空間の変容と住民の地域「参加」』（単著，古今書院，2018 年）．

「ジェンダーと郊外―戦後日本における計画空間の誕生とその変容－」，史林，104(1)：231-267，2021 年.

『「政治」を地理学する－政治地理学の方法論－』（分担執筆，ナカニシヤ出版，2022 年）．

原口　剛　神戸大学大学院人文学研究科［6 章］

『叫びの都市：寄せ場，釜ヶ崎，流動的下層労働者』（単著，洛北出版，2016 年）

『ジェントリフィケーションと報復都市－新たなる都市のフロンティアー』（単訳，ミネルヴァ書房，2014 年）

『惑星都市理論』（分担執筆，以文社，2021 年）

福田珠己　大阪公立大学現代システム科学研究科［5 章］

「「ホーム」の地理学をめぐる最近の展開とその可能性－文化地理学の視点から－」，人文地理，60(5)：403-422，2008 年.

Between Two Homes: Gentaro Tanahashi and His Thoughts and Practices Concerning Kyodo (Homeland) and Katei (Family Home). *Japanese Contributions to the History of Geographical Thought* 10：71-86, 2014 年．

「ホームの地理学とセクシュアリティの地理学が出会うとき－近年の研究動向に関する覚書－」，空間・社会・地理思想，21：29-35，2018 年.

［編著者紹介］

吉田容子　奈良女子大学研究院人文科学系［1 章，7 章］
　『地域労働市場と女性就業』（単著，古今書院，2007 年）
　「米軍施設と周辺歓楽街をめぐる地域社会の対応－「奈良 RR センター」の場合
　　－」，地理科学，65(4)：245-265，2010 年.
　「敗戦後長崎県佐世保市の歓楽街形成史－遊興空間をめぐる各主体の関係性に着
　　目して－」，都市地理学，10：61-77，2015 年.

影山穂波　椙山女学園大学情報社会学部［1 章，2 章］
　『都市空間とジェンダー』（単著，古今書院，2004 年）
　「ハワイにおける日本人女性の社会的ネットワーク形成」，お茶の水地理 50：
　　80-91，2010 年.
　「ハワイの桜と新一世の女性たち」，椙山女学園大学研究論集社会科学篇 49：
　　119-129，2018 年.

ジェンダーの視点でよむ都市空間

令和 6（2024）年 5 月 27 日　第 1 刷発行
編著者　吉田容子・影山穂波
発行者　株式会社古今書院　橋本寿資
印刷所　株式会社太平印刷社
発行所　株式会社古今書院
〒 113-0021　東京都文京区本駒込 5-16-3
Tel 03-5834-2874
振替 00100-8-35340
©2024　Yoko Yoshida, Honami Kageyama
ISBN978-4-7722-4237-0　C3036
　〈検印省略〉　Printed in Japan